GRAPHOLOGY

U0106545

職場筆跡知你我

不可不知的筆跡分析技巧

林婉雯 著

p+

序

從 2019 年寫到 2021 年，3 年間，我留下不少自己的「筆跡」。每次完成新書後，我都在想，應該沒有什麼題材可以再寫了吧！偶然遇上一些朋友，他們不約而同追問新的一年，新書的題材是什麼，那時我的腦袋通常都是一片空白。隨後的日子，我收到不少有關筆跡分析的查詢與提問，當中大部分的題目也都類同，正好啟發了我，讓我找到寫作的新方向。

我從事財務與管理顧問有 20 多個年頭，參與過各行各業的工作，對不同企業的運作模式雖談不上瞭如指掌，但也算略知一二的。我從前管理的團隊，除了財務部，還有人力資源與資訊科技部，既是打工仔，也是「僱主」，負責處理各項人事的安排。我曾遇上一位公司主席，他提拔人才的方法，主要透過觀察肢體動作與行為，資歷是其次，因為他認為身體語言透露出一個人的性格特質與才能，具有良好品格的人，就算資歷不足，也可慢慢培訓，日後定

能有所貢獻。於是我好奇地問：「老闆，你為什麼選擇了我？」他告訴我主要的原因是：我走路的速度非常快，這暗示了工作效率毋庸置疑，再者，走路快的人有前瞻性思維，有遠見，值得培養。我接著又問：「該如何觀察？」他回答，在第二次世界大戰的時候，他是在 Intelligence Unit 工作，觀察他人的行為是當年的一個訓練，日後有時間，再與我分享。雖然我無法完全得知精粹，但我明白到員工的個性特質與公司管理的關係，於是我以筆跡分析作工具，在不同的企業公司實踐。因此，這本書是我的經驗之談。

本書主要講筆跡分析如何應用在職場上。因應我們身處在華文社會，日常的文書溝通普遍會用中文字，過往有不少朋友都對分析中文手寫字感興趣，所以我先在第一篇，簡單介紹分析中文與英文筆跡的方法，以及兩者的異同。在接著的兩個章節，我分別從僱主與僱員的角度，介紹一些與他們息息相關的筆跡分析技巧，讓他們於職場上用得其所。考慮到辦公室電子化的情況，我特意深入解釋「簽名」，加上我也收到過不少在職人士對這方面的詢問，相信大家會有所得益。

本書得以順利完成，特別要感謝那些無私提供手稿的朋友，讓讀者能夠以循證實踐的方式瞭解筆跡分析。此外，多謝各方友好幫助，特別是 Helen、Luler 及 Berenice，也要多謝各大傳媒機構的支持和關注。最後，鳴謝《橙新聞》及香港三聯各部門同事協助，讓本書順利出版。

林婉雯

2022 年 5 月寫於香港

目錄

第四章　無「字」可取之簽名深度談

第五章　練習

筆跡分析技巧之中英大不同

第一章

英文字形結構簡單，
中文字形複雜多樣，
兩者的筆跡分析原來大有學問。

CHAPTER 1

有看過我過往著作的朋友，大概也知道我是跟隨英國的老師學習筆跡分析，所以過往介紹的筆跡分析方式，大部分都是以英文為主。這樣的筆跡分析，有足夠的歷史數據支持，分析技巧也較系統化。再者，英文字詞的字形結構比較簡單，套用在系統化的分析上，讓初學者更容易掌握。不過在華文地區，中文字始終是主要的書寫語言，適齡的學子，從開始執筆寫字的那一刻，就要學習寫簡單的中文字；日常生活中，大街小巷的街招、街市攤檔的價錢牌、茶記麵店的餐牌等等，大部分都用上中文字，當中不少是由人手所寫的。在中國人的地方寫中文字，那是天經地義的事，既然能夠通過英文手寫字瞭解他人的個性，不少人更有興趣的，是如何通過中文手寫字，看到如英文手寫分析那樣的結果。

早在我接觸筆跡分析之初，我也曾有過這樣的疑問：這麼棒的技巧，能讀人心，為何只有英文字的分析？中文手寫又如何？翻查紀錄，有關中文手寫字與個人性格掛勾的見解，早見於西漢時期揚雄《法言‧問神》：「故言，心聲也；書，心畫也；聲畫形，君子小人見矣。」以揚雄身處的年代計算，對中文筆跡與個性的描述，已有 2000 多年的歷史。之後，《舊唐書》也有這樣的記述：「穆宗政僻，

嘗問公權筆何盡善，對曰：『用筆在心，心正則筆正。』上改容，知其筆諫也。」唐穆宗召見書法家柳公權，問他如何能將字寫好，柳公權回應：品格端正的人，自然能寫一手好字。從這位著名的書法家口中，再一次引證了寫字與品格是息息相關的。到了明代，著名學者項穆在《書法雅言》內強調「書法乃傳心也」，「人品既殊，性情各異，筆勢所運，邪正自形」。直到清代，劉熙載的《書概》寫道：「書，如也。如其學，如其才，如其志，總之曰如其人而已。」

自古以來，中文筆跡透露出一個人的性格與人品，然而，或許是隨著朝代轉變，以及戰亂的影響，至今並未發現系統化的文獻，有關對中文筆跡的演繹，不過是零零星星地在不同朝代的古籍裡找到。元代陳繹曾《翰林要訣》有云：「喜即氣和而字舒，怒則氣粗而字險，哀則氣鬱而字斂，樂則氣平而字麗。情有重輕，則字之斂舒險麗亦有淺深，變化無窮。」不同情緒狀態，影響著筆劃線條的墨水流動和形態，這其實與對英文手寫字的演繹和見解不謀而合。另外，剛才提到的明代學者項穆，他於《書法雅言》還寫道：「書之心，主張布算，想像化裁，意在筆端，未形之相也；書之相，旋折進退，威儀神采，筆隨意發，既

形之心也。」而清代朱和羹在《臨池心解》中說:「品高者,一點一畫自有清剛雅正之氣,品下者,雖激昂頓挫,儼然可觀,而縱橫剛暴未免流露楮外。」兩人同樣以筆劃形態,探究人不同的性情特質。

或許會有朋友質疑,那些年代的人,全都是以毛筆寫字,如今那些字被稱之為「書法」,是一門藝術,而我們用的則是原子筆、鉛筆和墨水筆等,這兩種寫字方式,似乎並不能相提並論。

這個問題,我也曾考慮過。原子筆是 30 至 40 年代才出現的產物,古代的中文書寫工具似乎就只得毛筆,而西方國家在蓄水鋼筆出現以前,也是用蘆葦筆、鵝毛筆等工具書寫。若問書寫工具對筆跡分析有影響嗎?以我研習筆跡至今,我可告訴你,是有一定影響的,至少會影響線條上墨水的展現模式,所以我們還需認識不同書寫工具的特點,問題自可迎刃而解。再者,筆跡與性格的關係,是以實證為主的心理分析,多年來累積下來的例證,成為一個具分類性的、可作對比的大數據庫,當中對不同年代的筆劃線條與性格特質的相互關係,多年來並沒有爭議。因此,毛筆也好,硬筆也好,不同的書寫工具,都能用作分

析。相對地，我較關注的，是書寫人學習寫字時的那一本 copybook（習字簿）與字帖，那是一個研究筆跡的起點，我們要分析的，是你現在寫的字，與這個「起點」之間的差異，以及產生這個差異的原因。

回到中文字與英文字的問題，兩者雖有異，但最重要的是字的結構。相比中文字，英文字的結構簡單得多，除了過去我在其他著作總提及的上區域、中區域與下區域 3 個部分外，還有將在本書後面章節第一次出現的前區域與後區域（詳見圖一），僅此而已。至於中文字的結構模式，相當複雜，約 30 年前，身為國家語言文字工作委員會成員，以及專責漢字研究的專家傅永和先生，發表了關於漢字結構的論文，並將漢字的結構主要分為 10 個類別，自此往後國內外有關漢字的結構研究，也是以這個分類方式為基準。為了讓大家更容易瞭解這個結構分類，我列出了相關的字例（圖二）。從數量上看，中文字的 10 個分類結構相比英文字的 5 個區域，只是多了 1 倍，不過若細心留意，在 26 個英文字母的組合下，我們還是很容易將英文字的 5 個區域看得清清楚楚。但中文字又是如何呢？《康熙字典》裡列出的部首就有 200 多個，這尚未將其餘的部件計算在內，可見中文字的組合結構更為複雜。因

此，對筆跡分析感興趣的朋友，可先從較容易掌握的英文字入手。

圖一

圖二：漢字結構分類字例

關於寫字的斜度，我曾在《你是誰？我是誰？解讀人心的筆跡秘密》一書內解說過，為方便讀者理解，在此我作簡略介紹。圖三的3個英文字母，分別闡明了「向左斜」、「正中」與「向右斜」的概念，所謂斜度，其實是由上區

域與中區域或中區域與下區域之間相連的直線所形成的，用量角器去量度的話，刻度是由右至左計算，越是往右傾斜，角度越小，即少於 90 度；往左傾斜的話，從量角器上的刻度來看，則是大於 90 度。那麼斜度在中文字上會是如何呢？一般來說，靠右、正中與靠左的話，憑肉眼看也是清楚可見的，只是在一般情況下，斜度低於 30 度或大於 150 度的非常少見，原因很簡單，中文字大多是方方正正的，再斜的字還是有一定的限度。

圖三

書中也有談到字的大小的問題。英文字的大小非常簡單，是以絕對值計算，以高度 9 毫米作為界限，超過 9 毫米的稱為大，剛剛好的叫平均，小於 9 毫米的為小。中文字的量度方式則不相同，它使用的是相對值。為了讓大家更容易明白，先請大家仔細回想，小學時代，中文功課簿的內

頁是否全是四四方方的格子？一個方格，等於寫一個字的空間，寫字的時候，將字填滿格子的稱為大，達至 3/4 的叫平均，少於 1/2 的話則是小。

圖四：填滿格子的大字

身處在華文地區，我明白到大家更關注的，是如何透過中文手寫字的筆跡瞭解人的個性。由於中文字的變化錯綜複雜，因此我會從一個比較簡單且容易掌握到的角度解說，讓讀者於日常生活中，尤其是在書寫文件較多的辦公室內，用得其所。

職場生存之道，要學懂人心

在香港，打工仔不易做，
讓「筆跡」告訴你打工之道。

CHAPTER 2

打 工 之 道

I.
各有性格的茶記職工

在香港品嘗世界美食非常方便，基本上你想到的菜系，都可以在這裡找到。當中，港式經典茶餐廳在全盛時期有超過 2000 多間，由早餐到宵夜，一日 5 餐惠顧茶餐廳的大有人在。聞說香港早於 1959 年已經有第一間茶餐廳，經典的食品包括波蘿油、西多士、紅豆冰、鴛鴦及奶茶等，堪稱幾代香港人的回憶。不論市況如何，茶餐廳總不乏捧場客，真的是「誰能代替你地位」。

除了特色食物外，懷舊的裝修，甚至服務員的態度、上餐的速度，茶餐廳都可說是「國際知名」。在移民潮下，香港獨有的茶餐廳文化令不少人最難離難捨。你最喜歡的茶

餐廳特色會是什麼呢？食物？快捷省時？茶記老朋友？對我來說，美食當然重要，但我更留意的是茶餐廳獨有的手寫文化，尤其是以小店形式經營的茶餐廳，就用上了大量的手寫字告知客人當天的美食。當我們看著掛在牆上的是日餐牌，想著吃什麼的時候，我們更應該欣賞一下餐廳員工所寫的字。

或者我更應該這樣問：大街上有不少茶餐廳，也總有一些是你從未到訪過的。你會以哪些原因，選擇走進一間你從未到過的茶餐廳呢？有人會看門口的手寫餐牌決定嗎？我路過的時候，拍下了幾塊掛在餐廳門口的餐牌，看看這些字跡，你會如何選擇呢？

當然，我們無法知曉餐牌是誰寫的，但在某程度上，餐牌正反映了餐廳的個性。以圖一為例，這塊餐牌是比較吸睛的，因為第一眼看過去，除了數字及「豉汁蒸鱠魚」外，其他內容都要非常仔細地看，站得遠一點，幾乎便看不清楚了。對講求「快」的茶餐廳而言，這是有點失色的。

若細看字跡與白板的空間使用方式，看起來好像是字字工整，但未知各位有否發現，每行字的高度都是逐漸升高

圖一：表現出甚有自己想法的員工的筆跡

的，所以實際上並不工整！再看筆觸線條，粗幼度並不一致，字的頂部一筆，顏色通常是較深的。至於字的闊度長窄，雖然我無法知道這塊餐牌是由廚師、老闆或是其他員工所寫，但從筆跡分析上看，有這些寫字特徵的人，大抵是一個我行我素、不理人家說什麼、甚有自己想法的人。他／她從不掩飾自己，更不愛刻板生活，喜歡享受人生。若是廚師的話，食客便不用擔心了，因為愛享受人生的人，對飲食自然也很有要求，你說是嗎？

不過對於這個手寫餐牌，我總是念念不忘，每次路過都有衝動走進去，目的不是為了吃，而是為了確認一下筆跡上的分析。

終於，在某天黃昏，我走進這間茶餐廳買外賣。我走到收銀櫃位，說要星洲炒米，不過我要少辣的。這個叫法甚為普遍，但收銀的阿姐問道：「少辣應該可以，咁你要微辣嗎？」

我回覆：「可以的。」

阿姐：「咁即係少辣啦！少辣嘅星洲米，應該無乜味，你會唔會叫其他炒嘢？」

我回答：「星洲炒米呀，唔該。」

阿姐：「唔辣嘅星洲炒米，即係家鄉炒米。」

我：「阿姐，我係叫星洲炒米！」

阿姐：「無問題嘅，唔辣嘅星洲炒米即係家鄉炒米，信我啦！無分別！好食嘅！多謝 5X 元！」

雖然我不明白「星洲」為何變成「家鄉」，但礙於我有工作在身，便沒有再爭持。我看到收銀機旁有部電子收費機，便跟阿姐說：「唔該八達通付款！」阿姐回覆只收現金，最終當然也順從了阿姐的心意。

說實在的，這個外賣炒米，無論從味道、鑊氣及材料的豐盛程度來說，是相當不錯的，甚有大排檔的風味。我在等外賣時，觀察食客的食物與他們臉上的表情，看來大家都很滿意。只是這位阿姐甚有個性，也對餐廳的出品很自豪，剛才我曾提及，這間餐廳的餐牌執筆者，性格上是頗為我行我素的，對食物也有要求。未知大家看到我的經歷，有何想法呢？我個人覺得整件事情變得更有意思！

說回走入茶餐廳的用意。我之前留意到餐牌上的字，似乎被一條幼線承托著，情況有如用間線簿寫字一樣，主菜名稱的底部（Baseline）如橫躺在白板上的直線，不禁令人

猜想，員工寫字時是不是用上了長直尺。趁著等外賣，我終於能近距離看看餐牌，仔細看「枝竹豆腐斑腩煲」的「豆」字及「斑」字最底橫的一筆，以墨水顏色來看，它們並沒有我所提及的，有線條承托的可能。所以，這種整齊得恍如「貼線」的寫法，暗示了書寫人的內心自有一套原則要遵守。正如在她心中，少了辣的星洲炒米，就不能稱為星洲炒米了。你說是嗎？

與這間茶餐廳相隔不遠，有另一間也是以手寫字為餐牌的茶記。這是一張寫得清清楚楚的餐牌（見圖二），餐牌上的手寫字，剛好與上圖「唱反調」：字形是四四方方的，筆劃上的深淺度比較平均，無論是垂筆或是橫筆均微微彎曲向上。有看到 B 餐「芙蓉蛋」內的口字是上下也「中門大開」的嗎？還有 F 餐「香茅」那個打開了的「日」字，寫這塊餐牌的員工一定好客非常，也愛說話，很懂與人打交道，深明留住客人的心才是重要。不過對於工作夥伴，他／她也沒有忘記，因為他／她所寫的字，字與字之間的距離較窄，橫的筆劃有少許彎曲，下斜的筆劃收筆時有微微向上，表示他／她甚愛交朋結友，廣結人緣。

某天的中午，我曾到訪買個外賣，雖然我不知道餐牌上的

字是由誰寫上，但從收銀姐姐落力推介各類食品、餐廳侍應落單的積極、以及他們與客人交談的情況來看，似乎這家餐廳甚有街坊緣。

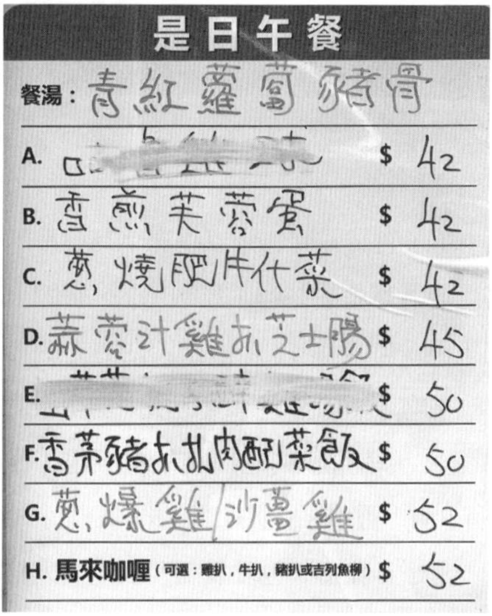

圖二：善於處理人事關係的員工的筆跡

至於以下這家茶記餐牌的字體（圖三），看起來與甚有街坊緣的茶記員工的，有點相似，除了每個字收筆時往後拉長的那一筆，整體上看，字的形態也屬於四四方方，原則上也具有處理人事關係的能力，不過，筆劃線條上，橫線

與直線也比較直，沒有如之前那個茶記員工微微彎曲的寫法，再者，字與字之間也留有距離。看來這個茶記員工，大概認為顧客就是顧客，他雖能處理人事，但他十分清楚，顧客是他們收入之源，在茶記內，如要與他們談天說地，為的只是那份收入，所以工作以外的話題，他希望留有一點私隱，保持距離，才是打工之道。

圖三：有原則的員工的筆跡

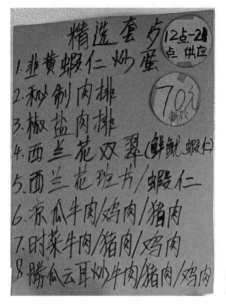

圖四：意志堅定的員工的筆跡

圖四這一家茶記的餐牌上的字，橫與直的筆劃，有點像圖三那樣，就算是捺的那筆，也很少呈彎曲的狀態。所以大部分的字，一筆一劃組合起來，給人很「方正」的感覺。將原本帶有微彎的撇捺等筆劃寫得較直的人，做起事來，頗具原則，說一不二，在他們的字典裡，似乎欠缺了「灰色地帶」這四個字。這類朋友，若屬機靈聰慧的，他們會很清楚知道自己的想法，意志比較堅定；若屬腦袋在慢速

狀態運行的，多是程序追隨者。

圖四紅色這張餐牌上的字，在橫與直的線條上，比上一張更直更橫，加上頗快的寫字速度，寫這張餐牌的人，快人快語，作決定時甚少猶豫。我個人認為，作為廚師，要有一定的靈活性與事事求變的彈性度。從這個餐牌上的手寫字看來，書寫人的意志堅定不移，一顆丹心往前衝，靈活度欠奉，我估計很大程度上，並不是由廚師所寫的。

所謂各安其位，各司其職，找個對的人，做對的事，自會相得益彰。再以圖五這個茶記餐牌為例，讀者們，你又有何感覺呢？從字面上，你會不難發現，當中有個錯字。雖然大家也會明白，書寫人想告訴客人，這個餐的價錢物超所值，可是當中最重要的「抵」字，被寫成「祗」，「食」字收筆的最後兩劃，寫得特別直，顏色也特別深，似乎語重心長地表示「不好吃」，皆因最後兩筆如交叉。再看所寫的第一個字「嘩」，表面上表達了驚喜的意思，可是字的斜度，明顯靠左，與其他字的斜度有異。看到這裡，讀者們也大概猜到我的意思吧！對於這個茶餐，書寫人明顯地言不由衷，實情是在書寫人的內心深處，很清楚知道，食物既不好吃，也非物超所值，確實「嘩」不了，所以

字才往自己那邊靠，不太願意告訴客人。從茶記老闆的角度，他似乎是選擇了不合適的人去寫這個餐牌，以致達不到應有的宣傳效果。

圖五：言不由衷的員工的筆跡

剛才我談到廚師的特質是需要靈活有彈性，因為食材天天在變，既要顧及品質，也要考慮食客的口味，變化多端，少一點創意、少一點心力也不可。圖六的手寫餐牌，又正好演繹到廚師特質的一面。書寫人所寫的字，字字連筆，

字速頗快；筆劃之間，雖非重疊，但不少也很靠近，例如蒸馬頭魚的「馬」字、「頭」字及「魚」字，字內中間部分，尤其是「口」，被墨水所填滿。由此看來，書寫人甚為饞嘴，腦筋轉得快，適應能力較強。以此作推斷，書寫人應該是一位廚師，不過這位廚師只愛味道，但食物擺盤與裝飾，卻不在其考慮之列，看看他如何在這塊「灰」板上寫字，便可略知一二。

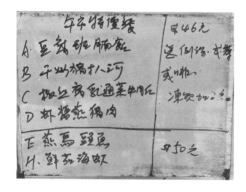

圖六：饞嘴的員工的筆跡

不同行業，有著不同性格特質的員工，要知如何相處，必先要清楚各人的性格。俗語有云：「要摸摸底」，從以上茶記員工的特點來看，你會想到該如何與他們相交嗎？

II.
辦公室是我家，如何成為老闆的寵兒？

過去，我不時收到各方友好有關筆跡的查詢，希望從中可以瞭解自己多一點，也藉這個機會，打聽身邊朋友的特質，再想想該如何與朋友更融洽地相處。看到這裡，大家或會以為，大多數人是去瞭解身邊的另一半，這個可能是男或女朋友、丈夫或妻子，不過我可以肯定地告訴你，在過往我收過的查詢中，最受歡迎的「另一半」，並不是大家心裡面的親密愛人，這個人與我們非親非故，也不一定為我們所喜愛，只是每天我們花上不少時間與這個他 / 她相處，這個人正是我們工作上的直屬上司！

一個成年人，每天最少也大約花 1/3 的時間在工作上，加班工作所產生的額外時間，已經不在計算之內。不少在職人士，於晚上 8 至 9 時能放工的，已是等閒的事，放工後，也許會見見朋友，來個輕鬆一刻，吐一吐苦水；有時候拖著累透的身軀，也懶得外出，馬上回家，吃個夜飯，隨即倒頭大睡。想想看，這樣的生活，私人的時間並不多，與家人及朋友交流聯誼的時間，怎比得上與上司及同

事那麼多？

試想想，在上司與同事的關係當中，哪個來得重要？那不用多說，大多數的朋友也會答是上司吧！在公司內，上司與下屬的關係，在某程度上，宛如師徒，上司領導下屬，分享經驗與知識，既是帶領者，也在團隊分工合作下，與我們朝著同一目標，完成工作。對於這個說法，不少朋友或會質疑：這樣的關係，會否想得過分理想與完美呢？

所謂的理想與完美，並不表示那似乎是不曾存在過的烏托邦，問題是公司的文化是如何？上司與下屬之間的互動，能否產生交誼下的化學作用？有人說，公司的文化，在入職的第一天，已是無從選擇，也無從改變，尤其是在那些具有歷史的公司。這或許是對的，不過當你細心再想，一間公司的企業文化，其實也是因應不同領導所帶領下，建立出各種不同的文化形態，展現於一間公司的處事方式與價值觀上，並通過員工之間日常的互動而產生的。歸根究底，一個企業文化的形成，是來自人與人之間的相處與溝通，所以與其自怨自艾，悔恨自己入錯行、選錯了公司，錯配了老闆與工作夥伴，那倒不如積極一點，向前踏出第一步，深入瞭解那些我們「一直認定已經熟悉」的老闆與

同事，從自身角度出發，改變與他們相處的態度，你自會發現，無論你是身處在不同的工作環境，人與人之間的溝通，並非如想像中的困難，因為你有足夠的能力去應付。雖然你或會認為，相對於一個大型企業，自身的改變，是微不足道的事情，更遑論對一個企業文化的影響。不過你有聽過蝴蝶效應嗎？聽說在亞馬遜雨林的一隻蝴蝶，偶爾振動一兩下翅膀，數週後就捲起了美國德州的一場龍捲風，所以請不要看輕一個小小的改變。在某些時日，一個和諧的工作環境，或會因你而起。當然你也可以認為，自己只是辦公室內的一個「小薯」，從沒有偉大的志向，只想在工作的地方，事事也順利一點就好。然而，學懂如何與他人相處，又何嘗不是辦公室的生存之道呢？

關於打工仔與上司或老闆的相處故事，見過也聽過不少。在我處理過的筆跡分析個案中，不少在職人士交來手稿作分析以後，也希望我能通過筆跡分析的技巧，協助並發掘出他們潛在的能力與合適的職業類型，好讓他們能遠離現在的工作，在職場上重新開始，在另一個行頭，建立新的一頁。

他們這樣的要求並不難理解，每個人也有自己獨有的潛

能，通過筆跡分析去瞭解，是合情合理的事。只是我發現不少朋友，其實是頗清楚自己的能力的，也選擇了合適的工作穩定發展，不過就是想離開現有的工作環境。更有人認為是自己的能力不足，所以萌生退意，然而從他們的筆跡上，我看到的，是他們選對了工作。那麼為什麼他們仍有「選錯了」的想法呢？原來這些朋友，與上司的相處，並不如意，無論如何努力工作，也得不到上司的理解與認同，自信心日益下降，甚至乎對自己的工作能力產生了疑惑，於是產生了轉職的想法。

除此以外，我也曾見過有些個案，他們在之前的工作上，都有不錯的表現，與上司、下屬及各同事的關係也不錯，一切也很順利，前途一片光明。剛巧獵頭公司找來了一份高薪厚職，正所謂人望高處，他們對自己的能力甚有信心，帶著再創一番新天地的想法，往外探頭。到了新公司，原本以為面試時跟「未來上司」談得來，那麼與他合作應該沒什麼問題，殊不知開始了新工作一段時間後，發現自己與上司的溝通雖不說有任何衝突，卻有著說不出的潛在問題，似乎無法真正理解上司的心意。正因如此，他們找來上司的手稿，與自己的筆跡作配對比較，看看如何突破盲點，讓關係更進一步。

從以上的例子來看，我們分別看見在職的朋友，無論是非常清楚理解自己的能力，又或是被壓抑至信心盡失，在處理與上司相處的問題上，都面對著類似的困難。為此，我希望通過過往的個案經驗，介紹一下上司／老闆的字，該如何看？

之前，我曾介紹過英文字母分上區域、中區域與下區域3個部分，請記著這3個區域，給了你重要的線索，因為它們顯示出老闆所關注的事項。在公司裡，每天要處理的事那麼多，作為老闆的，位高權也重，畢竟一個人生來就不是三頭六臂，能恰當地為自己安排工作的緩急先後，眼觀六路，才是管治之道。每位老闆都有其個人的領導方式，能看準他們的心意，自然無往不利了。

我們要留意的，是老闆所寫的英文字上，這3個區域的比例當中，哪一個區域最大？哪個區域最小？ 最大的區域是老闆最重視的事情，最小的區域，是他／她花的時間最少、也懶得去理的事情。這也是在工作上，他們心裡面的優先事項清單。有些朋友會問：「知道了又如何？那是老闆的次序，不是我的工作先後次序。我始終只是『小薯』一個，所負責的工作，只是老闆的其中一部分，也未必是

他的優先考慮，與我又何干？」

對於「小薯」的想法，我是完全理解的，不過這也是觀點與角度的問題。不同的工種，不同的個體，看似各有各做，但實際上互為關聯。「小薯」的工作，為老闆的工作方向，定下基本資訊，好讓他們更有效率地達成企業目標。要知道你只是提供資訊的其中一員，同一時間，也有其他同級的員工，為同一老闆所管理，要突圍而出，就是要讓老闆與下屬之間的工作互動，更加便利。想想看：老闆要處理的事務不少，任何能讓他的工作更具效率的員工，定能在他的心裡留下位置。相反地，事事要老闆親自指導才能完成工作的員工，老闆所花的額外時間，也不會少，轉換身份，請試試從老闆的角度去想，以上兩類下屬，你會喜歡哪一類多一點呢？

返回筆跡正題，剛才談到的是英文字母上、中、下 3 個區域的比例，簡單而言，將英文字母上區域寫得特別長的老闆，有自己的一套想法，喜歡「有腦」的工作夥伴，看重的是做計劃時的前瞻性與整體性。若所寫的字，下區域也是較長的話，所有的想法必須能夠實行，方是好點子。不過，若只得上區域比較長，下區域寫得很短，再加上將字

寫得很大的老闆，他們有無盡的點子，也善於表達，永遠把事情說得漂漂亮亮。可是當你再想深一層，老闆說話的內容，又未必能一一落實。如果你是一個誠實的員工，認為要向這樣的老闆查證一下，告知他你所發現的問題，我大可以告訴你，別指望有朝一日成為他的「頭馬」，因為這類型的老闆，比較愛面子，也期待下屬能拿捏他說話的重點，運用其聰明才智，將老闆的說話，一一實現，這才是重點。他所給你的工資，是為他解決問題的，作為一個下屬，要聽得清，看得準老闆的心意，能自動自覺去解決問題，無謂多問，能低調去完成工作，才是上位之道。

No thief, however skilful can rob one of knowledge, and that is why knowledge is the best and safest treasure to acquire!

L. Frank Baum

上區域大、下區域適中

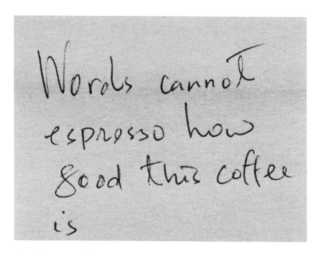

上區域大、下區域稍短

那麼將中區域寫得特別大的老闆，該如何與他相處？這類型的老闆，看重的是自己的能力，他們對自己頗有信心，也希望受到下屬們歡迎，茶餘飯後，也愛聊天，喜歡的話，天南地北，無所不談，什麼事也愛知道。工作上，他們帶著微觀管理的概念，故尤其重視細節。他們有自己的一套想法，也要求下屬們依從自己的要求，對他們來說，程序比成果來得重要。程序並不是單單按序執行做事，他們更要有充足的文書記錄。而有一定審美能力的他們，對

於文書記錄也有所要求，整整齊齊是基本。遇上這樣的老闆，你應該知道，「交功課」的重點，是細節與遵從，一般來說，他們比較喜歡乖巧細心的下屬，太多意見的，在他們心目中，多少會被排在較後的位置。

中區域寫得特別大

至於將下區域寫得特別長的老闆，傾向實事求是，為人也頗實際。他們特別重視工作成果，尤其是那些可衡量的，例如銷售額、利潤等（若你認為這只屬於銷售或市務人員

的事，那就大錯特錯了！）。一家公司的內部，有著各項的使費，成本控制其實也是他們的重點關注，下屬若能處處為公司著想，開源節流，確實是他們的那杯茶。不過在開源上，他們傾向保守，冒險性較強的建議，通常比較難去獲取他們的歡心。遇到這樣的老闆，打工仔們，你應明白怎樣應對他們吧！

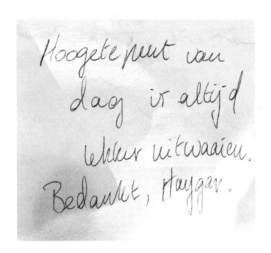

下區域寫得特別長

我們一直在談英文字母分上區域、中區域、以及下區域 3
個部分，但其實寫下的英文字詞，又豈止如此簡單呢？嚴
格來說，應該是五大區域，既然有上、中、下，也該有前
與後，看看下圖大概便略懂一二：

英文字的五大區域

為了讓大家更容易理解這個前區域與後區域，我找來了全
球首富馬斯克的簽名，簡略說明一下。

馬斯克的簽名（圖片來源： Wikimedia Commons, https://commons.wikimedia.
org/wiki/File:Elon_Musk_Signature.svg）

前區域是指落筆寫英文詞語時，首字母額外多出來的筆劃。這個額外的筆劃，並非每個人都有，有的人會將這筆劃寫得很長，有的人則寫得很短，所以也屬個人特色。後區域同樣，有的很長，也有的很短，甚至乎沒有出現。從以上馬斯克的簽名來看，假設他只簽上「EL M」3 個英文字母，你會發現，「E」字的起始，多了一個頗長的筆劃，這屬於前區域；「M」字的收筆，又多了一條很長的筆劃，這個長長的一筆，稱為後區域。將前區域寫得比較長的人，在開始做事前，要多番考慮，才可開始。若老闆所寫的字，前區域較長的話，他並不是快攻型，任何事情在他手上，都要多加考慮才決定開始。所以作為員工的，不能急進，應耐心等候老闆發號指令，才正式行動，因為你必須清楚知道，老闆才是唯一一個帶領團隊往前走的人。至於那個後區域，就等同事情在何時才能完結，那超長的額外收尾的筆劃，表示工作雖然是完成了，但在老闆的心裡，還是需要多一點時間才能作結。這個「額外時間」，就是讓他去回顧、去審查一下，下屬所做的項目，是否圓滿完美，不在他心意之內的話，他是會要求下屬採取進一步行動，直至他認為可以作結為止。

III.
與同事打好關係

相信不少人也曾聽過:「有人的地方,就有是非」。每個人生來就有一張會說話的嘴巴,空閒的時候,找個友人聊聊,忙著的話,也要多說兩句,說是減減壓力,吐一吐悶氣,又再重新振作。只是你一言,我一句,說話亮麗一點的,被當成不夠誠懇;坦誠直率地說出來,又被演繹成不經大腦。所謂「言者無心,聽者有意」,對方言語的背後有何暗示?或是自己想得太多?人與人之間的相處,從來都是一道大學問。面對從小到大一起相處的家人,總是互相明白,也會懂得體諒。可是辦公室本是一個工作的地方,有架構、有階級、有規有矩,無論關係多好,與同事和上司們的溝通,也多被冠上「正式」二字。

在辦公室裡,除了是有權影響你升遷機會與年終花紅分配的上司以外,所要面對的,是在同一部門、與你出生入死的同事,以及其他與你有所聯繫的各部門同事。所謂親疏有別,與部門同事之間的互動,也得看各大部門領導的角色地位,有勢可依的,說話可以來得高調,聲音可以大一

點，也可以無視他人的感受；無本事的，還是小說話，留一點力氣，自己的事自己做，只是這樣的工作環境，你喜歡嗎？

我曾遇過一家公司，除了是日常會議以外，部門與部門之間日常的接觸少之又少，原因是這家公司暗地裡有個不明文的規定：不同部門的員工在非工作以外接觸，被信奉「以衝突為管理之本」的領導看到的話，往後辦公的日子，無原因地被批評、被阻撓或會變成行常事。日子難過也總要過，耐心等候每月月底的那份心靈創傷補償費，也許會好過一點。不過正所謂「你有張良計，我有過牆梯」，這樣的管理下，員工私下互相通訊得特別多，也有更多的說三道四。如偷情般的工餘約會，同事之間的關係偶爾良好，但來得並不真實。始終人心難防，不知道哪一天溜到領導的耳朵裡，唯有話說三分，才能保障自己的安全。此等相類似的例子，比比皆是，該如何應對？

我一直相信言由心生，字能讀心，什麼的人說什麼的話，性格相近的人，多走在一起。只是辦公室這個地方，不由得你選。在公司選擇你的同時，你也選擇了公司，既然選定了，就該為自己作主宰，主動出擊，瞭解工作上遇上的

夥伴，知己知彼，打好與同事之間的關係。

上一章提及過寫字的斜度，分別是向左傾斜、正中、與向右傾斜，主要是以垂直筆劃來衡量，寫字的斜度，各人都有所不同。斜度的其中一個功能，是將個人的社交身體語言，通過手寫字，在紙上投射出來，也可以說成是個人社交的探熱針。這枝探熱針是由左至右計算，越是靠左傾斜的話，社交的溫度就越低，那麼越多是向右傾斜的話，社交的溫度就越高。這話該如何理解呢？溫度越高，為人越熱情，他們的原動力是來自從另一方所取得的溫暖。一般來說，寫字向右傾斜的人，喜歡向你靠近，為人熱情、好客，甚愛熱鬧，因為他們只能從人堆中，才取得溫暖。再加上寫字的中區域特別大，又或是習慣將字寫得特別大的人，他們極需要得到他人的回應，請記著：無論你的回應是出自真心或是假意，並不是他們所考慮之列，最重要的是給他們反應，不然的話，你只能懊惱那讓你透不過氣的壓迫感。遇上這樣的同事，還是退一步，停下來，耐心聆聽他們的想法，他會感受到受你重視所帶來的溫暖。

相反地，寫字靠左傾斜的人，他們遠離人群，可以的話，盡量也不參與人多的事，傾向少說話多做事。剛才我談到

向右傾斜的字

的社交探熱針，寫字向右靠的，需要從人群中取得回應，取得溫暖，而那些寫字向左靠的人，位於社交探熱針的另一端，溫度越低越好，所以他們從來都不喜歡社交，也不擅長。你的打擾，提升了他們的社交溫度，熱起來可能會燒傷他們那脆弱的心靈。這樣的人，是受不了人情所帶來的燙，所以傾向往後退，外人看來，或會覺得他們冷漠，甚至乎以為他們沒有將自己放在眼內。對大眾之事，他們也許只是坐在一旁，不過這並不表示他在冷眼旁觀，其實他已經盡了最大能力參與其中。面對這樣的同事，請體諒他們是需要有私人與思考空間，他們會在適當的時候，作出回應。

早前在醫院急症室逗留了大半天，原因是就中有人不適，當時急症室遇上要急搶救個案，難免時間花毫，想吃東西又唯得不開，所以只好想像，改改心態，活在當下

寫字「不偏不倚」的人，在社交探熱針上，位處正中，不溫也不火。他們傾向維持自己的獨立性，所以無論心裡有一些想法，也不會即時反映在臉上；他們慣於控制自己的情緒，不輕易流露於人前。對他們來說，個人的自律，高於一切，明白做好自己是本分。在社交上，君子之交淡如水，禮儀比較重要，要成為知心的話，也需要一些日子，看清看楚才作決定。面對這類比較理性的同事，跟他們要談的，是事情的合理性、正確性，具邏輯與實證的話，讓他們能演繹出「公平」的想法，就正合其心意。

以上我們談過了靠左、正中與靠右的字，只是每個人生來就有著複雜的腦袋，寫起字來，又豈止以上 3 種斜度

斜度正中的字（圖片來源：Wikimedia Commons, https://tinyurl.com/yc37bhs2）

呢？有些人寫起字來，有左也有右，問題是左與右之間的差距有多大。差距越大的，待人處事上的態度變化也越大，他們不容易讓人捉摸，也像阿米巴變形蟲那樣，依其需要而改變工作態度，他們靠著什麼人，就做其喜歡的模樣的棋子，演繹在情緒上，偶也起落不定，讓人難以捉摸。面對這樣的同事，還是事事留一線，保持清醒，看清看楚，才作行動。至於寫起字來，斜度差距較小的人，他們多是社交能手，為人處事，甚具彈性。

人性從來都是複雜又難以捉摸的，從筆跡的斜度展示社交態度的處理，又豈止以上所說的數個類別這樣簡單，更複雜的斜度寫法，確實也會出現。不過，演繹再有不同，凡事也該回歸基本步，才能領悟箇中意思，用之於同事之間的關係上。人與人之間的相處，如太極推手，順則生，逆

則亡，看懂心意，順人之勢，借人之力，方能讓人際關係更進一步。

向左斜　　　　正中　　　　　　向右斜

寫字斜度的分類

發揮潛能，做出佳績

I.
如何選擇一份合適的工作？

古語有云：「三百六十行，行行出狀元。」今時今日的工作種類，又豈止 360 行呢？面對著不同的工作類型，該如何去作出選擇呢？早在中學時代選科的時候，已分為文、理、商三大類，學生們大概也依據學習成績、老師與父母的意見，以及個人興趣，在半被動的情況下，被分配到不同科目類別的班級。在中學文憑考試後，因之前選修科目的成績，以及申請學位的競爭情況，幸運地被分配到喜歡的科目，又或是家人認為應該有前途、有出路的科目。也有一些同學，以目標為導向，先找個仍有學位的科目，再過 3 年，大學畢業後，才去想想自己該做些什麼工作。也有一些是為生計，先在「社會大學」學習，任何工作也試

試。無論以上哪一類，本著我們還是年青的心態，試試不同的工作也無妨。不過，說是為自己累積多些經驗，但其實，你清楚知道自己適合做哪些類別的工作嗎？

將筆跡分析用於職業指導，頗為普遍。一般來說，我們會根據客戶所提供的手稿作分析，從中找出其才智、社交模式、能力及潛能等等，同時也考慮到客戶的工作與學歷背景、對工作選擇的看法，再作建議。當然筆跡專家過往的工作經驗與閱歷，也足以影響到職業指導的建議，所以，英國筆跡專家公會（The British Institute of Graphologists）的專家導師在招收學生的時候，也希望他們在商業社會上，有一定程度的工作年資，這樣才能給予客戶更宏觀的實際性建議。

當然世上有數不盡的工作類別，要指定唯一合適的工作，似乎並不合理，所以我們多從性格傾向、才智、能力等，找出較合適的工作方向，與不合適的工種，以協助求職者作工作選擇的決定。

那麼你或會有這樣的疑問，一般人並非從事筆跡分析的專業，對於筆跡分析，有的只是興趣，更談不上分析技巧，

那又如何知道那些工作，能與自己的特質相互配合呢？

這個問題，我當然考慮過，在本書的其他部分，我談過了興趣與能力，更涉及到社交喜好傾向，讀者們可詳加細閱。為方便理解，我嘗試從一個整合的筆跡分析的概念，希望能協助大家，為自己的工作方向，找到端倪。

每個人生來對某一類型的事物，有著特別的情感，在某程度上，難以解釋，但部分也與小時候的成長經歷有所相關。簡單來說，選擇職業的大方向，可以分為 3 個類別，分別是實務型、資訊型與人事型。

實務型的朋友，即如字面上說，實事求是，喜歡透過親身體驗去感受。他們善於處理事物，尤其是可以通過手部觸碰所能處理的事項，例如機器、工具，甚至戶外工作等。這類朋友，工作時比較專注，也不怕辛苦。在筆跡的表現上，他們所寫的英文字，字型上，與習字簿（copybook）上的字較為相似，寫字的斜度通常是正中，寫出來的字母，側重中區域與下區域，寫字的力度絕對不會是輕力，因為他們要具備足夠的精力，才能真正享受體驗帶來的樂趣。

The more closely we could associate a diet
with caveman, the more we loved it. Cavemen
were not famous for living a long time. but
they were famous for being exactly what the
fuck they were supposed to be. something
we could no longer say about ourselves. A

實務型的人的字

資訊型的朋友，需要大量資訊，喜歡探索與研究，用自己
的方法找答案。這類朋友，具有邏輯思維，注重理性分析
與論證，為問題找到解決方法，是他們的首要任務。正因
如此，他們長時間也打開腦部接收訊息的天線，以豐富自
己的思維。這類朋友的字，很多時候也是寫得較細的，字
裡行間特別喜歡留有空間，這樣就可以讓他們遠離人群，
享受著不受騷擾地去思量。當然愛思考的人，英文字母的
上區域通常較長，也比較直，對於人事，他們多不感興
趣，因為他們是注重思索的內向型人。

Thank you for being so supportive and tolerant all these
years. thankyou for always being a great dad not matter what
I do or what I say to you. thank you for being the most

資訊型的人的字

人事型的朋友，為人友善，善於關顧他人，愛在人堆中打滾，人事合作，當然難不到他們，因為他們可以從人與人之間的互動中取得滿足感。這類朋友，大多有一張善於說話的嘴巴，也有一雙察言觀色的眼睛。至於他們寫的字，我們不難看到那清清楚楚、呈圓狀的中區域英文字母，字母「o」、「a」的頂部略開，由於他們以與人聯繫為己任，所以寫字的斜度是靠向右方，並且筆劃相連的情況甚多。

Constantly hurt by Dexter, who a
from both her & himself. Finally,
at a restaurant, Emma breaks un

英文字母「o」和「a」的頂部略開

以上 3 個類別，展示了職能上的三大個性傾向，你又屬於哪一類型呢？選對了合適的工作方向嗎？慢慢看清自己，再作打算。

II.
轉職的考慮：我該做什麼？

經過兩年多的疫情衝擊，走在大街小巷上，驚覺不少大型連鎖零售店舖已撤離，曾經熟悉的小店裝飾，早已面目全非。再往附近的街道走走，也有不少空置待租的「吉舖」，與以往過年前的熙來攘往相比，差距甚大。疫情下，街上的遊人少了，市場的銷售模式也由實體店轉戰到網上，影響較大的還是零售業的從業員。在以往的日子，他們的流動性頗大，可是這一年的疫情改變了業界的銷售模式，網店對零售店員的需求也沒有實體店高。相信從事此行業的朋友，被要求放無薪假期或是失去工作的也有不少。至於航空與旅遊公司，在各國封關政策下更成為了重災區，有大裁員的，甚至有結束營運的。

過往農曆新年前，不少打工一族待收到年終雙薪或花紅後，便為搵工跳槽作準備。只是在這年頭，你還有這個想法嗎？

且不說你是以上哪一類搵工一族，你該清楚知道的，是哪

些行業與你的性格及潛在能力相配合。在過往為客戶處理筆跡分析的個案上，我看到大概兩種情況，第一類是找到了工作，性格與能力非常配合，可是還是堅持要轉職，甚至乎轉換行業；另一類就是合適卻又想不到可以如何改變。

第一類的人，情況較為複雜，可能涉及到公司的管理文化、與上司及同事的關係等等，例子莫過於前些日子的市場傳聞：一名經理，白紙黑字要求員工一星期工作 7 天，每天工作 10 多小時。作為下屬，遇到這樣的上司，少不免會有轉職的念頭，只是這種情況要拆解的問題頗多，做相應的筆跡分析也需要較多時間。相對地，第二類的情況較能直接通過筆跡分析，讓你「自助地」瞭解自己的能力多一點。

不同的工種，當然有不同能力的要求，而每個人也有不同的態度傾向。先從個人的角度出發，我請各位留意一下，使用單行間線簿寫字的時候，你的字是如何寫的？是剛好寫在間線之上，還是寫在上下間線之間？字不是很大，但還是超越了間線？還是你從不喜歡在間線簿上寫？看看以下 4 種情況：

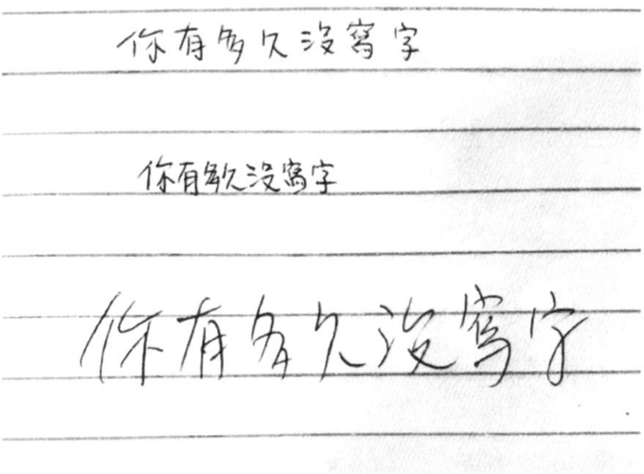

圖一：在間線簿上的不同寫字方式，反映個人的態度傾向。

圖一分別有上、中、下 3 組字，位於最上的字，被寫在兩線之間，一般而言，這類型的單行間線簿，兩線之間的距離，不會多於 10 毫米，在這短少的空間上所寫的字，與兩線依然能夠保持一定的距離，可見所寫的字比較細小。書寫人將字寫在兩線之間，上下又各留下空間，讓所寫的字安放在較中間的位置，這樣所寫的字就被四邊的空間好好保護著，以這類方式書寫的人，喜歡尋求安全的位置，作風傾向保守，但考慮周全，尤其會從外人的角度出發，

為他人設想，因為只要不煩到人家，自己就較少機會遇上麻煩，謹此而已。所以這類朋友，對於轉職的考慮，花的時間較長，因為他們會認真地考慮自身的工作情況，想想是否真的「受不了」而需要轉職。他們同時會考慮到，若他們離開公司，對周遭同事的工作影響，也期望將影響減到最低程度。

至於圖一中間一組的字，是完全貼在間線上而寫。看他們依著線上的軌跡而行，就知道他們是「穩陣派」，做起事來實事求是，能看到或觸碰到的，才是真實，為人甚為認真，較少冒險，也比較安於現狀。由於安全感對他們較為重要，要轉職的話，最重要的，是他們手上是否有另一個工作機會。

在圖一最下面一組的字，字寫得很大，書寫的人並不理會紙上原有的間線，越線而寫，但是他們偏偏不愛在沒有間線的紙上去寫，以這種方式書寫的朋友，喜歡身處規範中，需要的時候，受著各種各樣的規矩去保護自己，不過很多時候，也愛從挑戰規矩中，享受挑戰過程為他們帶來的存在感，那份被認同與被關注的感覺，是他們所嚮往的。習慣遊走於規範與挑戰之間的他們，做起事來，其實

頗具彈性，在轉職的問題上，他們多速戰速決，也可能有裸辭的機會。

圖二：不愛受到束縛的人的字跡

那麼只喜歡在沒有間線的簿上寫字的人（圖二）又如何？這類朋友，為人比較獨立且有主見，不愛受到束縛，要他們規規矩矩，甚有難度，或者他會反問你，為何要一式一樣？為何要沿著前人的路而行？何不繞道而去，也許會有一番新景象，他們的思想天馬行空，甚具創造力。若他們在工作上，找不到讓他們可以更「多元化」的特質，轉職也會是遲早的事。

III.
為興趣而工作？

生活在繁忙的都市裡，我們習慣了急速的步伐，與安排得密密麻麻的生活日程，很少時間讓自己停下腳步，讓自己休息一下。靜靜地與自己對話，一來減少心中的累贅，二來聆聽內心的想法，回顧一下過往工作的日子。你是如何選擇你的職業呢？是因為偶然的機會？或是從收到大學的錄取通知書那天開始，隨著畢業就自自然然地進入所修讀的學科相關的行業？又或是因為「眾人都認為」那是一個有前途的行業？其實你有否為自己想過，你真正的興趣是什麼？

從小到大，我們常聽到「興趣不能當飯吃」，在當年選擇學科的時候，或是畢業時敢對父母表達自己想法的年輕人，想必是聽得最多，也許亦因此得到義正詞嚴的回應，最終選擇了面對現實，做一些在社會上，被認為應該去做的工作，因為這樣才是成功的指標。有些人是成功了，但心靈上猶有點不滿足，於是在在職的途上，偶爾也會有轉職的想法。至於那些尚未成功的朋友，轉職的念頭常在，也常糾結在理想與現實之間，兩邊也無法討好！

早在 30 年前，「興趣不能當飯吃」這個觀念，大概是有見地的想法。那個年頭，人求於事多於事求於人，就算是一個學位，也要面對強大的競爭，莫說選擇一個喜歡的科目，有個高等教育的學習機會，已經很好。只是時代一直在轉變，年輕一代似乎有更多的選擇，「興趣能否當飯吃」也許只是其中的一個考慮因素。

那麼興趣當飯吃又如何？每個人都可以有不同的興趣，不同時期，有著不同的興趣，是普通不過的事情。而這些「興趣」對一般人而言，大概是一些自己喜歡又可以享受在其中的一些消閒活動，只是消閒與工作這兩個概念，通常也是各走各路，很少機會能相遇上，不過兩者相遇的比率，會因為你對待興趣的熱愛程度而上升，也就是說，當興趣成為個人的人生目標時，生命就變得更有質感，推動力自然會出現。近年崛起的「斜槓族」，即是將工作與興趣結合在一起，於同一時間，以個人能力，經營不同興趣的工作。

其實所謂的興趣，就是一些我們願意花時間及資源，讓自己能更深入認識的「鍾愛的事」，只是若我要問你，為何喜歡運動又不愛畫畫？那麼愛運動的你，在眾多運動之

中，為何獨愛公路單車？為何花不少時間練習以外，也同時研究各大單車零件品牌對整體單車表現的影響？

這就是你的專長，每個人生來就有著不能解釋的興趣和專長，這就是我們天賦才華的所在地。從筆跡上看，個人的興趣、專長，表現在細楷英文字母的上區域、中區域及下區域 3 個部分。在標準的英文習字簿（Copybook）上，3個區域的比例為 1 比 1 比 1，只是大部分人寫出來的字，較少機會寫出這個比例，總有區域寫得特別長，而那個比例中較突出的部分，就是你天賦才華的所在地，也就是你的腦袋發出指示，讓你的手部肌肉操控筆桿之時，往上或往下延伸多一點，因為腦袋內的某個部位，需要通過筆桿與手部肌肉的按壓，得到多一點刺激，才感到暢快。所以人與生俱來，受到遺傳與後天培養的影響，有著不同的天賦才華，問題是我們能否將這些天賦才華，活現在我們的人生路上。

所以無論你是否準備轉職，又或是職場新鮮人，尚未找到該走的路，甚至乎是人到中年想突破的朋友，還是有需要回顧一下原來的你，你的天賦才能是如何？

我曾在《你有多久沒寫字？原來筆跡能反映你的個性！》一書中，簡單介紹過英文字母的上、中、下3個區域，既然談到興趣這個話題，就讓我再作多一點解釋。

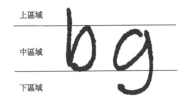

我一直在說上、中、下3個區域，講求的是1比1比1的比例，此謂之完美比例，可是能達到這個完美比例的筆跡實在不多，所以我們更要認識，在不同比例的情況下，該如何計算？背後原因又是如何？

其實要量度1比1比1這個完美比例，是以中區域為基準的，無論你所寫的字，中區域的高度如何，它在比例上，永遠是1，於是我們就以此分別再對比上區域的高度，以及下區域的高度，都比中區域較高的話，我們便要計算一下，看看得出來的結果，是大於1倍？ 或是大於2倍？大於1倍但少於2倍的稱作大，大於2倍的，則非常大；

之後，再對比上、中、下 3 個區域，找出哪個區域最大？哪個區域最小？找到最大的區域，便要清楚知道大的比例有多大，這顯示出每個人天賦才能獨特的地方，因為在比例上非常大的，代表了他們對這個區域的渴求。

如寫的字，上區域非常大的人，會是一個追夢者，也非常好學，對於知識，有著熱烈的追求，只是過分沉迷的話，這類朋友也偶爾被指活在象牙塔裡，思想帶點「離地」。對於這個解釋，我曾收過一些家長的投訴，他們說從來都沒看見將上區域寫得很長的兒子，有過任何表現出好學的行為，只是沉迷在電競遊戲中，甚為兒子的學業而煩惱。在此，我必須要多加解釋一下，剛才提及的好學及熱衷於追求知識的人，是指他們為了自己喜歡的事，會花盡心力，研究到底，為的是要滿足他們在思路上的快感。我很明白，喜歡電競的朋友，自會用盡任何方法，為技能解鎖。因此，這並不一定套用在學業上。這類朋友，善於想得深，計劃得遠，若現時的工作環境並不能為他們增值，或給予上進機會的話，轉換工作是在所難免的事。

只是我們寫英文字，並不是只有單獨一個區域，所以還是需要查看其他區域的狀況。若上區域寫得非常大，但其他

區域非常小,那麼問題便來了,這類人為人處事只有理想與計劃,欠缺可落實執行的想法與行動力,以致常常有一種懷才不遇的心態,植根在心內,對情緒健康影響甚大。既然與生俱來就是「用腦」的話,何不多與他人分享自己的想法,刺激一下新思維。打算做生意的話,找個字的下區域比自己大的人,分工合作,一個計劃,一個執行,該是不錯的選擇!不喜歡創業的朋友,有哪些工種需要大量「腦力」呢?這類型的工作很適合將上區域寫得非常大的人。

那麼將英文字下區域寫得非常大的人,又會是如何呢?若所寫的字不至於完全無力度的話,他們有著無限的精力,為自己喜愛的事打拼,不過所謂的打拼,並不是漫無目的地往前衝。他們不畏艱辛,誓要將自己的想法呈現出來,為的只是實際的成果,讓自己的生活過得好一點,並不是在乎人家的讚賞。他們有著無窮的精力,若非專注在體育運動上,他們傾向一心多用,同一時間可以處理多項工作。如果他們所寫的字,同時間上區域也不短的話,就有著企業家應有的特質,只是在作決策時,大多會用過往的經驗作依據,所以在某程度上,不敢走得太前,也盡量少作改變。在興趣上,運動當然是其一,此外,那些能讓他們多作實際體驗的項目,又或是有前人作參考,有根有據

的活動，會是他們所歡喜的。

下區域較長的中文字

至於將英文字的中區域寫得特別大，同時其他區域寫得特
別小的人，一般而言，他們懂得關愛別人，也非常健談，
對於生活日常，他們有著源源不絕的話題，在朋友堆中，
很容易成為焦點。只是有時候樂極忘形，聊天的內容變得
主觀，只顧談自己的事，忽略了身邊朋友的感受，給人過
分自我的感覺。不過他們倒是社交能手，遇上任何新認識
的朋友，也可隨時打開話匣子，能成功結識新友伴，是他
們感到自豪的事情。所以這類既懂關愛，也懂社交的人，
人事相關的工作，就是他們所擅長的。

中區域特別大的中文字模樣

IV.
你能為自己計劃一下嗎？

記得小時候，媽媽偶爾也會拿出那本《通勝》，教導我當中的內容，讓我學習一下古代的通識，當每年新的一本《通勝》出版的時候，她也會打開「春牛圖」一頁，給我解釋春牛圖的圖示：看看牧童有否穿上鞋子？褲管的高度如何？戴上帽子了嗎？腰帶又是什麼樣子的？他站立的位置在牛的前面或是後面？牛的樣子又怎樣？是張開了口，或是緊緊合著？我還記得第一次看《通勝》是6歲，剛上小學，在這個年紀，圖像學習還是比讀古文容易得多。

請不要誤會我談《通勝》是準備跟你們說命理，只是自古以來，中國農業社會還是會依據《黃曆通書》上的內容，在一年之始，好好預備來年的耕種計劃。相傳這本《黃曆通書》（或稱《黃曆》）是黃帝所寫，也有說是由政府收集民間相傳的農務狀況，統一整理，再刊發給民眾，好讓人民依據《黃曆通書》的曆法計劃耕種。民間代代相傳，農作物的生產情況、瘟疫與自然災害具有一定的週期性，因此「春牛圖」就顯示了當年的天氣狀況。而「地母經」

就以 60 年循環排列為基準，表達出當年的生產狀況。古代民眾因應《黃曆通書》為一年農業生產訂下耕種計劃，我們身處的世代，雖然已不是農業社會當道，然而每天在商業社會上拼搏、營營役役的你，日子一天天過，依然的忙著，又活著，有憧憬過將來會是怎樣嗎？不過憧憬往往只得期待與嚮往，欠缺了行動力，何不好好為自己往後的數十年，計劃一下？

談到「計劃」，不同的人有不同的反應，有些人會認為，天有不測之風雲，又何需多作準備？活一天算一天，天天隨心而轉變，也可自得其樂，要他們好好為自己計劃下，似乎有點困難。筆跡方面，在版面佈局上，他們寫的字的行距率性隨意，沒有特定的規律。

也有一類人是有計劃的，只是目標並不太清晰，最終還是會走失，不能完成目標，或是草草了事。他們所寫的字，行距是清楚易見的，只是行距闊窄不穩。他們雖然有計劃，只是大多安排不當，想不清「心中事」，最終只能敷衍了事。

I have understood that the five skandhas are empty. There are no eyes, ears, nose, tongue, body or mind; there are no forms, sounds smells, tastes, feelings. or objects of mind; the six consciousnesses do not exist, the eighteen realms of phenomena do not exist. the twelve links of dependent arising do not exist. and even wisdom and attainment do not exist.

A white cloud passes by and hides the mouth of the cave. Causing so many birds to lose their way home.

The insight of prajnparamita is the most liberating insight that helps us overcome all pairs of opposites such as birth and death.

有計劃能力的人的字跡

2 things I'd like to achieve:

To mark good
To make myself happy

I could do to make my family happy

Make a wish :)
and
have fun Always

不清楚目標的人的字跡

至於那些目標明確、有計劃的人，他們想得長遠，毋須費力，也可隨時讓你感受到他們的想法是面向將來的，可是從他們的角度看，「將來」這個具有時間性的形容詞，一直也不是他們的重點，行事計劃對他們來說，是價值觀的一個部分。他們慣於將永恆不衰的概念，用於「計劃」內，而只有設計完善，考慮周詳，具彈性變通，才可達到完美與歷久不衰。他們本著「無時間」的概念出發，只是從外人的角度，被看作「長遠」而已。在筆跡上，他們所寫的字，上區域部分比較長，行與行之間的距離也比較闊，英文字母「t」字，橫的一筆較高，整體上看，字也寫得大，而且左頁邊有一定的留白。從外人的眼中，他們就是能長遠計劃的人。

too. Noticed that business is actually just chatter in your head. when you say "I'm really busy", what you are really saying is that you are just

行與行之間的距離比較闊，英文字母「t」字橫的一筆較高。

相對地，只能作短線計劃的人，從紙上的使用情況來看，頁邊與行距也多是窄窄的，英文字母「t」字，橫的一筆比較低，寫起字來，筆劃多呈不相連狀態。這類的朋友，對周遭人事與環境的感覺較敏銳，看得多又聽得多，面對海量的資訊，唯有跟隨感覺往前走，世上沒有永恆不變的真理，唯有見步行步，採取短程策略，才是處世之道。

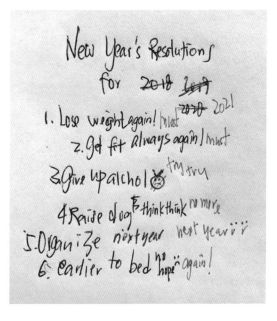

只能作短線計劃的人的字跡

個人的成長經歷，往往影響他們對將來的處理方式，無論你是善於長遠計劃，或是認同「變幻才是永恆」的短程計劃追隨者，抓緊自己的計劃能力的長處，在不同性質的工作上，也可繼續發揮你的本領，天下總有適合你的工種。

V.
年紀大又如何？

隨著人類平均壽命不斷增長，生育率下降，新生嬰兒越來越少，相對地銀髮族越來越多，人口老化似乎是無可避免的世界大趨勢。很多人都會說「年紀大機器壞」，普遍的想法是：年紀大，身體機能慢慢減退，記憶力比年輕時差，老花眼也為生活帶來一點麻煩。負責招聘的人或許會認為，年長的人所剩餘能為企業貢獻的時間不多，於是有意無意地將他們拒之門外。工作如是，讀書也如是，我曾聽過有些工作了 10 年的年輕人，有了社會經驗以後，認清自己的能力與興趣，於是申請與自己背景完全不同的專業學科，可是學院傾向選擇剛畢業的學生，因為他們的青春還有很多，能為社會貢獻的時間也較長。

其實這只是觀點與角度的問題，人們的關注點多著眼年輕的「量」，卻忘記了經驗的「質」。年紀真的那樣重要嗎？年少的時候，看著 30 多歲的人，已經覺得他們年紀很大，可是當自己到了 30 多歲，重新審視之時，不難感受到自己的那份童真，那頑固的個性，依然在身上，似乎

沒有太大改變。

我曾有這樣的經驗：一次跟公司主席聊天時，他突然收到一通電話，他的樣子和語氣因此而變得戰戰兢兢又恭恭敬敬，一個原本 70 多歲的老人家，竟有初出茅廬的年輕人的姿態。我好奇詢問，原來是他 100 多歲的姑母來電，投訴他今早為她賣出股票，價錢看不準。70 多歲原來可以很年輕，100 多歲的也可精力充沛，年齡其實只是數字，心態才是重點！我可以告訴你的是，在英國筆跡專家公會（The British Institute of Graphologists）的合資格專家中，有不少人是 70 歲以上，但他們依然全心投入筆跡分析的工作。他們認為，有多年社會工作經驗後才投身這行業是最有優勢的，因為經驗銳化了觀人的眼光，讓人更懂人心。

普通大眾對於上了年紀的人，還是會質疑其「能力」，雖然我們不能透過筆跡看出年齡，但想知道一個人是否精力充沛？是否仍可「腦」力地貢獻社會？可從筆劃線條上略知一二。

我先找來了以 79 歲高齡，於 2021 年獲選為第 46 任美國總統喬拜登（Joe Biden）的字，解釋一下剛才談到「能力」

的問題。這數個字加上拜登總統的簽名，寫於 2017 年，當時已 75 歲的拜登正擔任美國副總統。

若我先將拜登的簽名遮蓋，再問問你對於「keep the faith!」這一句英文的看法，大多數人都會認為這是屬於一般成年人的字，很少人會想到那是來自 70 多歲的老人家，因為在普遍人的認知中，上了年紀的人，身體機能始終會有點衰退，影響他們執筆寫字，在字的線條上，可能展現出微微的顫動感，甚至乎寫字的速度也應該有點慢。不過筆跡從來也不能表露一個人的年紀，因為整個寫字的行為是由腦部帶動的，精力與腦力充沛的人，寫起字來，與盛年的成年人無異。拜登總統的字，垂直的筆劃特別長且直，線條上的墨水填得滿滿的，有些字母，如「a」、「e」，中區域部分也注滿了墨水，寫字線條流暢，速度頗快，可見當時 75 歲的拜登，既有心力，也有勇往直前、要求進步的一團火，更有堅定的信心。

美國總統拜登的簽名（圖片來源：Wikimedia Commons, https://commons.wikimedia.org/wiki/File:American_Possibilities_6a00d83451721569e201b8d2887ac0970c.jpg）

熟悉的名人，除了拜登總統以外，還有 80 多歲的時裝界殿堂級名人——Vivienne Westwood 西太后。這位來自英國的國寶級時裝設計師，叱咤時裝界超過 50 年，創作了不同時裝系列，令龐克文化（Punk）走進時裝世界，成為年輕男女趨之若鶩的時尚。她更將政治、社會及全球暖化等議題融入設計，曾於 73 歲之時，剃光頭現身巴黎時裝週，呼籲大眾關注氣候變化。

礙於版權問題，我尚未能在這裡與讀者分享西太后的筆跡，不過西太后也曾親手寫下不少手稿，發布在互聯網絡上，有興趣的朋友，大可到網上找找兩份分別於 2011 年及 2019 年留下的手稿。西太后的字跡與一般成人的無異，同樣地，我們很難想像那是來自一名 70 歲的長者，因為她寫的字，並沒有任何的顫動感，這代表她的腦部操控小肌肉去執筆寫字的動作依然非常熟練，也沒有任何倒退的跡象。而垂直的筆劃特別直，墨水的顏色較重，寫字的速度也頗快，這樣的人很能堅持自己的想法，有心也有力。

過往我曾聽過不少在職朋友的投訴，50 歲後轉換工作的時候，非常困難，不少公司看到大於 5 字頭的年紀，幾乎

都剔出考慮之列。夕陽西下，他們深知自己的工作能力衰退，能貢獻的不多，因此看輕自己，漸漸失去信心。然而，筆跡不會說假話，雖然我們從來不能透過筆跡辨別年齡，但我們可以看見的，是書寫人的腦袋如何精靈，精力是如何充沛。從剛才拜登總統與西太后的例子可以看到，無論年紀有多大，你還是可以繼續在職場上發光發熱，請不要低估自己過往的經驗，這些往往是職場上的無價寶。所謂心態決定命運，也引領你的將來，無論哪個年齡階段，你還是有無限的可能！

VI.
將一雙巧手變成事業

週末的日子，不少朋友會外出逛逛，輕鬆一下。我放鬆的方法，就是在假日參加不同的興趣班，休息之餘，又可接收新的資訊，一舉兩得，何樂而不為？所以每星期，我都會到荃灣南豐紗廠附近上課，下課後因利乘便，在南豐紗廠喝杯咖啡，看看每週在此休憩的狗狗與主人，順道逛逛小店，「文青」一番。

我對於有歷史、有故事的建築情有獨鍾，南豐紗廠是其中一個我喜愛的地方。走進活化了的紗廠，偌大的空間，古舊的鐵閘，抬頭一看，頂部的玻璃天窗為中庭引入了大量的自然光，在不同的天氣下，紗廠內部永遠有一番新景象，加上掛在空中的藝術裝置定期轉換，讓我這類常客也喜歡一再到訪。

南豐紗廠於 1954 年由南豐集團的創辦人陳廷驊博士創立，在香港紡織業蓬勃的年代，南豐紗廠曾是香港生產量最高的紡織廠，為業界之龍頭。只是隨著香港紡織工業轉

移到亞洲地區，同時經濟增長及多元化令香港工業日漸式微，南豐紗廠於 2008 年停止營運，直至 2014 年南豐紗廠創立 60 週年之際，南豐集團宣布對其廠房展開保育活化，才成就了今天具歷史文化氣息的建築。

現在南豐紗廠的地點就是當年的六廠，廠外富有特色的外牆，是由葡萄牙藝術家 Alexandre Farto 用鑿、鑽等手法，將一位紗廠女工的外貌雕刻在外牆上，象徵當年的人靠自己一雙手創出事業、拼勁十足、勇於創新的精神。我小時候常聽我媽說，她約 13 至 14 歲起就在紡織廠做女工，在她的青年時代，一大群女工一起工作，休息時吵吵鬧鬧，最開心則是加班，因為能靠自己一雙手多賺點錢，生活才有意義。當年工廠要遷移到星洲，她放棄到當地成為指導工的機會，留在香港，或許正因如此，才成就了今天在這裡研究筆跡的林婉雯！

友人的媽媽，也是當年紡織製衣業的女工，在紡織業衰落以後，伯母的手藝一直也沒變。偶爾與朋友閒談，才知道她身上的衣著，不少是出自伯母的巧手，於是我借來了伯母的筆跡，看看具有一雙巧手的人，其字跡是怎樣的？

喜歡親力親為的人的字跡

一般來說，具藝術感或是對「美」有要求的人，他們的筆跡是較圓的。在中文字上，因應文字結構的限制，所謂圓的意思是筆劃轉彎的位置，看起來較圓，看看上圖的字便一清二楚。此外，這篇手稿上的字，捺筆也比較長，例如「足」、「過」、「漣」等等，再加上大部分字跡都是字字連

筆，表示了書寫人喜歡多作嘗試、靈慧巧思，甚喜歡親力親為，也關顧到與人的關係。手作事業，尤其是為他人作衣裳，便最為合適這樣子的人。

至於英文字，著名時裝設計師卡爾拉格斐（Karl Lagerfeld）的簽名，整體上看，是傾向圖狀的流線形，字母與字之間是完全連筆的，字向右傾斜，與剛才的中文字跡，有異曲同工之妙。看到這裡，再看看自己的字跡，你也有一雙巧手嗎？

時裝設計師卡爾拉格斐的簽名（圖片來源：https://commons.wikimedia.org/wiki/File:Signature_Karl_Lagerfeld.jpg）

企業管理需要認識的筆跡分析

如何請人？又如何留人？
透過一筆一劃尋找好員工，
讓你的企業創新機。

CHAPTER 3

筆跡分析如何 應用在招聘上？

前美國總統特朗普曾經在社交網站平台上，公告自己是一位筆跡分析師，亦常運用筆跡分析的方法，瞭解不同人的性格。以前美國財政部部長傑克盧（Jack Lew）在美鈔上的簽名為例，特朗普指傑克盧的簽名太多個圈，認為他這個人太過隱藏自己，屬於凡事也遮遮掩掩的類型。

雖然在美國研究筆跡心理學的界別中，似乎並未有人聽過特朗普這個名字，但他的講法是否正確姑置勿論，重要的是作為領導者的特朗普，也會透過筆跡分析去瞭解他人的個性。

那麼，筆跡分析在美國商業社會上的應用情況又如何呢？根據非正式統計，美國約有 58% 的公司會經由筆跡分析，協助招聘合適的員工；至於英國、意大利及德國，也有約 40% 至 50% 的公司使用筆跡分析的方法。而法國作

為筆跡心理學的起源地，當地選擇將筆跡分析的技巧用於招聘人才的公司，保守估計並不少於 70%。既然有不少公司採用筆跡分析的技術，那麼它是如何應用在招聘上的呢？

讓我告訴你法國大概的情況。要招聘一位員工，一如以往，人力資源部會先從求職者的申請信中，篩選首輪合適的應徵者，並安排面試。面試過後，挑選出來的應徵者會被安排做筆試，筆試包含兩部分：

（1）能力傾向測試（Aptitude Test），用作電腦分析；

（2）寫作測試，內容是公司預先擬定的題目，例如勵志信、對行業的意見，或者是值得分享的事情。

以上的招聘程序，讀者或會有些疑惑，既已面見過，又做了能力傾向測試，那麼分析應徵者寫作測試的手稿的筆跡，又有何作用？人力資源或相關部門的同事，在面見後對應徵者大概有些瞭解。而電腦測試及筆跡分析的結果，可以讓僱主更客觀地確認在面試中收集到的對應徵者的印象。不過能力傾向測試又與筆跡分析的結果有何分別呢？能力傾向測試有不同種類，多年來廣泛被使用，有效性是不容置疑的，僱主可依據不同工作崗位的需要，採用不同

類別的能力傾向測試，從而選出合適的員工。不過這些測試幾乎都是多項選擇題，所以不排除在同一測試中，即使由不同的人去完成，得出來的結果都是一樣的。不過這個世上，卻沒有兩個人的筆跡是一模一樣的，就算是雙胞胎，他們的筆跡也不盡相同，因為每個人都是獨立的個體，有著獨一無二的個性。因此，筆跡分析在招聘人才的領域上，大有幫助。

對於評估應徵者是否具有足夠的技術能力，應付崗位所需，這絕對是僱主的強項。不過尋找一位合適的員工，尤其是高級管理人員，則是長線的投資，因為僱主需與員工維持長久的合作關係。我們關注的，是應徵者的性格是否與公司的文化相配，甚至乎他們的性格傾向，能否配合公司的長遠發展，例如他們是否具有洞察能力、足夠的工作熱誠及推動力，為公司找出潛在的企劃方向。此外，應徵者的誠信也是不少僱主關注的重要一環。所以，筆跡分析與能力傾向測試，是能相互配合的招聘好幫手。那麼我們怎樣從筆跡分析的角度，剖析應徵者的手稿呢？而應徵者的手稿又能給僱主哪些重要的信息？

在解答這些疑問之前，人力資源部安排招聘的人員要特別

注意收集原始筆跡資料的有效性。有不少的公司會要求應徵者在面試前，將個人資料、學歷及工作經驗等，填於申請表內，這份標準化的表格，讓人力資源部人員更清楚容易地摘取相關有用的資訊。有參加過面試的朋友，大多也有類似的經驗，就是這份表格需要填上的資料實在不少，但表格上的空間卻非常精「細」。以每一空格的高度去計算，無論設計如何，我曾見過的大概是介於 8 毫米至 5 毫米之間。除了高度，長度也有一定的限制，於是唯有將字縮小來寫。如果應徵者並非習慣寫細字的人，硬要他們將字逼在一小格內，就如將沙甸魚塞在細小的罐頭裡，非常不舒服稱心，若以這樣的字用作分析，準確性就會不足。

回到正題，用作筆跡分析的手稿有何要求呢？第一，提供給應徵者的應為 A4 大小的紙張，而且必須是沒有間線的，一般的影印機紙便已合適；此外，最好讓應徵者用原子筆寫字，因為原子筆筆尖的硬度，與紙張相互摩擦下產生的效果，有利分析，而筆芯顏色隨他們的習慣即可。或許你會好奇，為何要用空白的 A4 紙？試想想，若給你一張空白的 A4 紙，你落筆的第一個字，會放在紙上的哪個位置？為什麼呢？再看看身邊的朋友，他們寫字的位置，與你的相同嗎？要知道，我們從小已經學習寫字，但

copybook 只教會我們字的形態，對於應在紙張上哪個地方落筆，我們並沒有得到任何正規的訓練，這正正就是我們與生俱來的空間感，空間上的安排，也與一個人的組織能力有關。例如，我們總是會聽到這樣的話：「這篇文字寫得整整齊齊，看起來清楚又舒服。」寫字清晰、整齊的人，做事大多井井有條、安排妥當。

除空間的使用外，字的形態、墨水的流動情況與寫字的力度也很關鍵。寫字是四維 (Four dimensions) 的概念：將字寫在橫直平面的紙張上，是橫與直的兩個維度，另有寫字的力度和時間，分別是第三與第四個維度。四個維度並非獨立的個體，而是隨書寫習慣互相緊扣地配合。一般而言，分析的結果並不是告訴僱主，這位應徵者是否一位好員工，而是會根據僱主對工作崗位的要求，檢測應徵者是否有相關的特質，例如會計出納員要處理現金及支票，很多僱主都會特別要求測試應徵者的誠信。當然，要從手稿看出一個人是否誠實，是非常複雜的，當中要符合很多「寫字」的條件。

應徵者填寫的申請表，透露其心意

每次到不同的公司面試，都要「走流程」填寫職位申請表，你是否曾想過，這張薄薄的紙，或許透露了自己的心意。本篇將從筆跡分析的角度，解構申請表上的手寫字。

圖一是一張資料內容與一般公司差異不大的職位申請表，乍看有點奇怪，表格的設計不統一，那是因為是我從不同公司收集並重新組合而成的，目的是讓大家看到一般情況下，應徵者需要填寫的資料，同時看看不同公司的職位申請表的設計。

在職的朋友，請回想一下，當天收到這樣的一張申請表後，有何感受？是在為接下來的面試緊張？還是沒什麼想法，只是乖乖地把資料填上？或是一邊在填表，一邊在苦

Personal Particulars 個人資料

Name (English) 姓名 (英文):		(中文)
Nationality: 國籍:	I.D. Card/Passport No.: 身分證/護照號碼:	Date & Place of Birth: 出生日期及地點:
Home Address: 住址:		
Telephone No: (Mobile phone) 電話: (手提電話)	(Home) (住宅)	(Email address) (電郵地址)

Academic Qualifications (Please start with the latest qualification attained) 學歷 (請由現在或最近之學歷開始)

Secondary, Tertiary Institution & University 中學、專上學院及大學	From (MM/YY) 由 (月/年)	To (MM/YY) 至 (月/年)	Qualification Attained (with subjects & levels) 所獲資格 (列明科目及程度)	Date of Issue (MM/YY) 頒發日期 (月/年)

Professional Qualifications (In chronological order) 專業資格 (按日期順序列出)

Certificate, Diploma & Membership of Professional Institutions 證書、文憑及專業機構會員資格	Issuing Authority 頒發機構	Date of Issue (MM/YY) 頒發日期 (月/年)

Working Experience 工作經驗
Previous Employment (List all full-time & part-time positions held.   Latest job first)
過往受僱資料 (列出全職及兼職之職位。由最近期開始)

Date (DD/MM/YYYY) 日期 (日/月/年)		Name of Employer & Nature of Business 僱主名稱及行業	Position Held 職位	Final Salary HK$ x MTH(月) 薪金	Reason for Leaving 離職原因
From 由	To 至				

Language Skill 語言技能		
Language/ 語言	Spoken / 對話 #	Written / 書寫 #
English 英語		
Cantonese 粵語		
Mandarin 普通話		
Others (Please Specify) 其他語言(請列明)		

Computer Skills 技能	
Software/Application Name / 軟件/系統 名稱	Knowledge / 認識 #

Please indicate Fair, Good, or Excellent / 請列明程度一般、良好或極好

圖一

惱該如何在有限的空間填上自己的資料？又或是心中暗地裡謾罵著：明明已有履歷，又何須再填申請表呢？

在我任職 CFO 的年頭，管理過人力資源部，在招聘上，我習慣先看應徵者的職位申請表與他們的手稿，然後再與負責面試的同事確認我在筆跡分析上的想法。然而，並不是每次都順利，因為有些應徵者未有完成筆試，甚至有時候只會收到申請表而已。你或會覺得奇怪，為什麼應徵者會不依從規定完成筆試呢？簡單來說，這是態度的問題。有的應徵者，試卷算是交了，只是當看到他們作答的內容時，或會覺得有點驚訝，我就見過「我認為毋須要回答」、「浪費時間」、「沒有回應」、「N/A」等等。就算你不懂筆跡分析，面對著這樣的回應，對應徵者的態度也該心裡有數吧！

我在這類應徵者身上看到了一個現象：他們大部分的字，在空白的 A4 紙上，字的大小並不少於 10 毫米，寫得更大、更剛勁有力的，大有人在；而字的形態頗多出現尖角的模樣。光是這兩點，他們已經自信地告知你：「我很重要！」這樣的人意志堅定，非常清楚自己的想法。在他們眼裡，有預設答案的筆試沒什麼意思，無論如何作答，

都不是一個有效的評估，既然無效，那就不需要浪費自己寶貴的時間與聰明才智，去處理這些沒有回報的事情。當然，他們更不會在意別人的看法，對他們而言，這個環節毫無意義，某程度上只是一個可有可無的程序，而對方卻花時間、心血設計筆試題目，不過是泛泛之輩。他們對自己的價值和能力深信不疑，不認為區區一個筆試會有多大影響。

應徵者在面試時無視公司的制度，讓人力資源部同事甚為苦惱，試想想：尚未入職已是如此，入職後若總是「這樣不好，那樣不對」地批判，該如何是好？要知道公司是一個團隊，個人主義或會是人力資源管理的隱憂。

那麼這類應徵者的職位申請表上的字跡會是如何呢？或許大家能想像得到，通常他們會填上基本的個人資料，如姓名、電話和地址等，不過工作經驗及學歷等，較常看見他們寫上「詳見履歷」。但畢竟一般申請表寫字空間有限，這樣的方式，也是可以理解的，只是他們的字頗大，佔據兩至三行空間，甚至最後的簽名一般也是超出界限。

對於申請表的設計，首要考慮的是線與線之間的距離，是

否足夠讓應徵者舒適地寫字。一般人習慣用有間線的筆記簿，這些筆記簿的行距大多約在 8 毫米至 10 毫米之間，若申請表的行距與筆記簿的相若，便為合適。圖一那張申請表格中學歷與專業資格的部分，行距是足夠的，但工作經驗的部分明顯略細。若空格的行距適中，較能反映應徵者在一般情況下寫字的狀況。那麼，假設有一張行距適中的申請表格，如果應徵者狠狠地將表格塞滿的話，表示他們不喜歡獨立行事的工作，團隊合作才能讓他們產生工作的動力。那麼表格空間過剩的又如何呢？相反地，這類人不善於在人堆中工作，讓他們靜靜地坐在一角，更加會刺激他們的思維。

有手寫字的地方，就有「人性」，職位申請表上的寫字空間雖然有限，但也可讓人力資源部同事對應徵者作初步的評估，他們是否懂得筆跡分析姑置勿論，重點在於「第一印象」。或許別人曾讚賞過你的字跡：你的字寫得很美，既娟秀，又工整！又或是被人批評：你的字如「打風」、龍飛鳳舞！從筆跡分析的角度來看，寫字清晰、整齊的人，比較開明，也願意與人溝通、互動與商討；在小小的一個空格裡，字也寫得東歪西倒、混亂不清的，同時寫字速度較快的人，多是心浮氣躁的急性子。

不少公司為了方便記錄，讓應徵者以鍵盤輸入的方式填寫申請表，這個方式固然簡便，不過就失去了從應徵者的筆跡估算其人格特質的機會。看過本篇介紹，我希望從事人力資源管理的朋友，能夠明白「手寫」的重要性。

應該招聘
怎樣的人？
員工的性格特質：

I.
責任感與個人誠信的重要性

在職場打滾多年，若問我印象最深刻的事情，莫過於前公司主席的一席話：「一所企業的成功，並不是依靠完善的制度，而是在於如何瞭解人心，清楚明白員工的心性與能力，知人善任，讓其發揮所能，朝企業的目標進發，同時也要洞悉客戶所需，這才是管理之道！」「瞭解人心」4個的字看似簡單，其實蘊含大智慧，我也因此而踏上了筆跡心理分析的路。

企業由員工組成，老闆當然希望所有員工都向著同一目標

進發，為公司謀求最佳利益。只是人情世故從來不是簡單的事情，俗語有云：「人心隔肚皮，知人知面不知心！」簡單如一通電話、一兩句話，就可以發揮出無限可能，辦公室政治也因此而來。企業管理者與員工如何互相瞭解，是非常重要的事情。

找個得力的助手是不少老闆的願望，只是招聘面試的程序與面見時間有限，讓管理層深入瞭解應徵者的特質與能力並不容易，於是我們偶爾會聽到上司抱怨遇上差勁的員工：上班等下班、工作被動、推卸責任等等。他們關注的大多不是員工的能力，而是面對工作的態度。一個員工無論能力與學歷多強，少了一份責任心，工作總不免會有缺失，因此，企業常常需要用不同的方法激勵員工，加強他們對公司、工作的責任心。

其實要知道員工是否有責任心，又或者激勵員工責任心的方法是否奏效，較容易的方法，莫過於觀察他們所寫的字。有責任心的人寫的字，是有跡可尋的，簡單來說，他們寫起字來，垂直的筆劃會有一種「肯定」的感覺，若以手觸摸紙張，應該能感到垂直筆劃的力度微微比其他筆劃重。此外，即使以無間線的紙來寫字，他們的字也非常

平穩。再者，他們會於左右頁邊留有適量的空間，整體來看很整齊，清楚易見。若寫的是英文，字母上、中、下 3 個區域都較為平均。

Emma breaks up with her boyfriend, Lan, after realising she is creating a life with someone she doesn't love. During this time, she is able to find a job as a teacher, after various years of struggle, despite having a "double-first degree". Dexter, meanwhile, develops a drinking and drug problem, and watches his career collapse.

有責任感的人的筆跡

至於責任心較弱的員工又如何呢？一般而言，他們寫字力度比較輕，亦即是說，用手觸摸紙張並沒有太大的觸感，或者是他們的力度不平均，時重時輕。另外，橫向寫字的時候，會呈現彎彎曲曲狀，甚至字跡潦草，較難看清內容。他們的字也多向左傾斜，但並不穩定。同樣地，筆跡留白的位置也不穩定。

除了責任感，企業更關注的是員工的誠信。不同的專業團體，如香港會計師公會和香港醫務委員會等，都有其執業

守則，在這些專業守則中，誠信是其中一個基本元素，需通過長時間貫徹如一的行為表現出來的，只有這樣才能成為一個準則。孟子曰：「誠者，天之道也；思誠者，人之道也。」追求誠信，是做人的大道理，以誠處事，才能讓人心安。

「誠信」一詞表面上看似簡單，當中包含了信任、尊重與坦率三大因素，只是這三大因素，不太可能在短暫的面試過程中，瞭解到應徵者是否擁有這個特質。在大型企業裡，員工的數目一般也不會少，除了同一部門、經常聯繫的同事以外，其餘那些點頭之交，要你評語他們的誠信度，似乎有點困難，因為不常與他們深入互動。若要知道一個人是否有誠信，需要與他長時間相處，以及觀察其思想與行為的一致性。

在科技網絡的時代，什麼都要快捷，與其慢慢觀察你的員工是否有誠信，倒不如通過筆跡分析的技巧，快人一步，找出值得信任又可託付的員工。

筆跡上，有誠信的人與責任感強的人有些相似。我們可以看到下圖的字清楚易讀，佈局上有條不紊，在沒有間線的

紙上寫字，寫出來的每一行都是較直且穩定，力度也均勻。這類型的人，中文字寫起來方正勻稱，英文字的上、中、下3個區域的比例平均，整體上頗平穩，讓人看得不慌不亂，感覺舒泰。

Alice sits on a riverbank on a warm summer day, drowsily reading over her sister's shoulder, when she catches sight of a White Rabbit in a waistcoat running by her. The White Rabbit pulls out a pocket watch, exclaims that he is late, and pops down

具誠信的人的筆跡

能遇上寫出這樣的字的人絕不容易。通過手寫，選賢與能，是較便捷的方法，多加使用，你自會明白箇中意義。

II.
醒目員工何處尋

身邊不少朋友，有從事人力資源管理的專業，也有的是管理階層，日常的工作已經很繁忙，轉職的旺季，情況更甚，一來部分員工準備離職，二來也要趕快招聘新血，而且剛聘請回來的，也需要一段時間才能取代以前的「熟手」，這種時候幾乎是馬不停蹄。為了減輕負擔，他們最大的希望是盡快找到合適的員工，於是，他們找來了一大堆應徵者的履歷與手稿，希望我這個「小幫手」能幫忙看一看。

招聘的工作，從來不易，不少僱主都傾向找個有能力的人，只是有些時候，有能力的人是找到了，但當放進團隊內，不知為何發揮不到他們應有的作用，又或是跟他們合作不來，種種原因讓招聘人手的工作更加複雜。面對這種情況，較好的做法，是瞭解團隊中各個成員的個性，再去找出一個在各方面都能盡量配合的人。只是這樣的做法，略為複雜，筆跡分析上的工作量也不會少，為符合成本效益，不少僱主傾向找個醒目的員工。那麼醒目的員工又有

哪些特質呢？根據過往與不少僱主訪談的經驗，可以綜合如下：

不少人認為，一個醒目的員工，應該有張嘴甜舌滑的嘴巴，其實正好相反，醒目的人一般都是「少說話，多做事」，因為他們凡事看得通透，清楚明白哪些話該說，哪些言該收。老闆一般不會喜歡話多的人，說得太多，便容易莊閒不分，所謂言易招尤，懂得適時低調，才叫醒目。再者，這類人不說話的時候，並不表示他們沒有任何想法與意見，他們其實心裡有數，懂得何謂分寸，當想到解決方法、找到適當時機，自然直接處理問題。

在筆跡上的表現，會是怎樣呢？圈狀的字母，如「a」和「o」等，總有一個接口，有的人會將它緊閉，有的人會寫成「中門大開」，開口大的人，話較多，而醒目的人有部分的「a」與「o」會緊緊閉著，有部分稍微打開，字母的上區域與下區域會比較長，字的斜度維持在 85 與 95 度之間，有些字微微向左傾斜，也有些向右傾斜，再者，每一行字都寫得比較直，整體上給人整整齊齊又從容不迫的感覺。能寫出這樣的字，這類人有情商，有智慧，也能做實事。

kindless. There was once a very rich
merchant, who had six children,
three sons, and three daughters;
being a man of sense, he spared no
cost for their education, but gave
them all kinds of masters.

醒目的人的筆跡

有朋友認為，醒目是聰明的表現，也記得我曾說過：聰明
的人，寫得一手「鬼畫符」。要找一個醒目的員工，是否
要找一個會寫「鬼畫符」的人呢？在回答這個問題之前，
我需要清楚解釋何謂「鬼畫符」。

「鬼畫符」的字有其獨特性，一般而言，「鬼畫符」的字雖
然非常潦草，但也能讓人看出大致的形態，這是因為寫字
的人腦袋清醒，看事情精準。他們的眼光獨到，轉念間就
捉到重點所在，所以寫出來的字，筆劃比一般人省略，但
重要的筆劃結構仍在，所以還是能看出是什麼字。

你知道嗎？要寫得一手上佳的「鬼畫符」，並非所有人都能做到。「鬼畫符」需要的是一個非常成熟的腦部，這樣才能自如又快捷地指示手部的小肌肉控制筆桿。快捷是一個重點，你有見過寫「鬼畫符」的人寫得很慢嗎？他們能夠快速地寫字，思維上也不會慢，亦因為思考神速，手部要追上思路，於是便寫成了「鬼畫符」。可想而知，寫「鬼畫符」的人觸覺敏銳，機靈又精明，一般而言需要一定程度的「彈性」，好讓他們能夠運用無限的想像力，跳出原有的框框，更進一步。

不少管理層在工作時都會不自覺地「鬼畫符」起來，過往我遇過不少管理層，除了他們的秘書外，他們寫的字無人能解。說實在的，秘書大概是根據老闆的習慣，再從前文後理推算出來的。想想看，如果那是普通員工的字，沒有人能看懂之餘，更增添溝通的麻煩，醒目的員工，為己為人，就算天生是「鬼畫符」，寫字時也會多花一點耐心，讓上司和同事看得清楚，才會感到安心。

除了管理層，能寫「鬼畫符」的，還有茶餐廳的侍應。你或會感到奇怪，管理層與茶餐廳侍應，兩個工種差異甚大，卻同是「鬼畫符」，又怎麼解釋呢？圖一是友人在社

交媒體上載的一張茶餐廳單據，我特意向他借來用。仔細看看，你可知道侍應在寫什麼嗎？這張比天師符更「高深莫測」的單據，說真的，我只能「靠估」推算出「X旦治」與「X啡」，相信你也看得一頭霧水。

圖一

其實，「鬼畫符」也受其他因素影響，例如壓力。當你同一時間要處理不同的工作、分身不暇的時候，那種焦急的心情會打亂腦袋內的想法，指令手部急速地寫。加上侍

104

應在寫字的時候，多用另一隻手托著單簿，「墊板」不穩定，不便於寫字，無論用哪種力度去寫，兩手的手腕都不自然。因此，他們替客人下單時寫的字越簡單越好。在茶餐廳內工作，侍應有多重任務在身，除了要「落單」、「埋單」，還要照顧不同客人的需要，與他們閒聊，有時更要幫忙收貨，壓力的確不少，所以我們不能看輕他們的工作。所謂「高手在民間」，這句話真沒說錯。

從筆跡分析的角度而言，一個很有想法，同時又能處理多項事務的人，腦袋裡總有不同的點子。不過，手只有一雙，無論多快，也遠遠追不上如湧泉的思路，因此，「鬼畫符」可能是較有效的記錄方式。例如醫生同時要問診、斷症、選擇合適的藥物與回答病人的問題，所以他們開處方時字跡非常潦草，而我們從來不會形容醫生的字如「鬼畫符」，反而會認為他們很專業。

III.
有遠見的領導

剛才談到責任感、誠信與聰明,其實這些個性特質同樣是成為領導的要素,只是領導與一般員工有何不同?

英國愛丁堡大學前校長湯瑪斯卡萊爾(Thomas Carlyle)認為,領導者與生俱來就有成為一個領袖的才智和自信等性格特質,這個說法曾經惹來不少的爭議。其實這是觀點與角度的問題,卡萊爾是一名歷史學家,翻閱書本,不難發現歷史上偉人的一些共同的人格特質。時勢造英雄,天生有領導才能的人,通過言語和行動,影響並帶領追隨者追求共同利益。通過例證分析偉人的品質和特性,其實是早年一般學者對領導力學說的研究方法。然而,時移勢易,這個「天生」的特質,依然用得著嗎?近代的研究認為,不少成為領袖的人,各有不同的領導方式與品質,即使不是「天生」,也能成功。因此,領袖是可以通過學習,成就自己的。

從我過往的筆跡分析經驗中,我知道每個人生來都有其獨

特的個性，只是在成長期間會受接觸的人與事影響，與原生個性的相互作用而日漸成形。因此，領袖並非天生，而是通過後天的學習與培養，接觸不同的事物，與不同層面的人交流，擴闊視野，然後帶著新思維往前走，帶領追隨著自己的同事與友伴。

多年來，有不少學者從不同的方向，研究領導者應有的個性特質，綜合而言，領導者需具備創造性思維，即是我們常聽說的「在盒子外面思考」（Think out of the box）。處事具彈性，擁有非一般的適應能力，才能打破一切常規，開拓思維，再者，「領導」不是一場個人表演，重要的是如何引導與激勵下屬，共同創造佳績，因為有團隊，才有領導，一人之力始終不及眾人之謀。此外，人際關係尤其重要，作為領導的，上要為公司處理各項決策，下要為下屬解決各項問題，多重任務與危機處理是少不免的，美國著名心理學家丹尼爾高爾曼（Daniel Goldman）認為，情商對領袖而言非常重要，情商越高，越能控制自己與團隊的情緒，從而冷靜、果斷地作出管理決定。

在談領導者的筆跡之前，我先與大家介紹一位有遠見的領導者，他是正在進行保育的皇都戲院（前身為璇宮戲院）

的創辦人歐德禮先生（Harry Oscar Odell）。

歐德禮先生為猶太人，創立萬國影業公司，60 多年前於香港出資 30 多萬買下地皮，再出資 200 多萬興建可容納逾千多觀眾的璇宮戲院。戲院屋頂結構獨特，拋物線型桁架的設計讓室內空間沒有建築支柱，可避免影響觀眾欣賞表演。有了完善的表演場地，歐德禮先生將世界級的音樂家邀請到璇宮戲院表演。歐德禮先生將音樂帶到戰後的香港，也培養了港人對文化藝術的審美眼光。

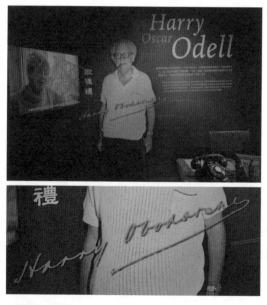

歐禮德先生的簽名

左圖是歐德禮先生的簽名，我想請各位仔細看看大楷「H」第一個垂直筆劃的底部，以及簽名最尾延伸出來的橫線末端，兩者同樣有一個小勾，像畫在五線譜上的音符。有音樂感的人寫細楷英文字母時，會寫出如音樂符號的字形，這是一個人有節奏感的特徵。節奏感在筆跡分析上是一個較難明白的概念，學習音樂的人很清楚知道拍子，三拍子也好，四拍子也好，無論曲式如何，節拍還是有一定規律的。其實，寫字也有一定的規律，所謂書寫的節奏，便是我們執筆書寫時，手部肌肉控制時收緊與放鬆的情況。有節奏感的人，所寫的字也有特定的規律，歐德禮先生的簽名，是一個較易理解的例子，字母與字母之間如一呼一吸，從容不迫，甚具韻律，這就是寫字的節奏感。那麼節奏感與領導才能又有何關係呢？有良好節奏感的字，顯示出書寫人頭腦清晰，無論身體或思維都有良好的協調，為人自律，以達到目標為己任，但內心和諧且冷靜，具有領袖應有的情商。

此外，簽名上的字母字字相連並向右傾斜，看起來整個簽名都是向右延伸的，應該佔據了紙張一定的長度。歐德禮先生應該是個心思細密，凡事親力親為的人，他對音樂的興趣並不限於自己身上，他有遠見並希望將自己認為最好

的,「推出去」讓其他人也認識。這也是歐德禮先生為香港作出文化貢獻的原因。

從歐德禮先生的簽名,我們看到了思路清晰且具有情商的領導者的特質,但特質又豈止於此,一般來說,不少人都認為領導必須要機警精靈又能解決問題,現在我打算從中文筆跡分析的角度,與大家多分享一下。

很多朋友都知道,我所學的筆跡分析法以英文為主,不過本著尋根問底的個性,我曾在中文的典籍上,找到中文筆跡的解說。剛才談到領袖通常機警聰明,處事臨危不亂,能夠從容不迫地找出端倪並解決問題,這類領袖寫「人」字或「人」字部首的撇筆時,那些撇都是較短促有力的。

「人」字或「人」字部首的撇筆較短促有力的字跡

至於英文字又如何呢？同一特點，英文有不同的筆跡寫法，當中較明顯的，是細楷字母「g」字。它看起來只是很簡單的筆劃，不過若你們花點時間，留意身邊朋友所寫的字，原來每個人寫的細楷字母「g」字都有所不同。有些人寫的「g」字看起來如數字「8」字一樣，這樣的人機警精靈，很會解決問題。

從筆跡談領袖的特質當然不止於此，但以上是一些較容易掌握的筆跡分析技巧，希望方便大家理解及使用。

sales of over 140 million copies worldwide, it has become one of the best selling and most translated books ever published.

機警又能解決問題的人的字跡

IV.
刻苦耐勞的員工

每個企業都有一些被認為是刻苦耐勞的員工，他們大多沉默寡言，很少參與公司活動，很多時候，只是靜靜坐在一旁，努力工作，每年年底薪酬檢討的時候，他們往往因存在感低、沒有明顯的功過而被部門主管忽略，薪資只稍作調整。有一天，刻苦耐勞的員工遞上辭職信，然後輕描淡寫地說一句：「請人力資源部同事幫忙招一個替代吧。」直到招聘回來的新人進場，主管才恍然大悟，原來過往與其他部門的文件交收、存取系統數據，提存紙質檔案，都可能變成問題，刻苦耐勞的員工，默不作聲地完成一切煩瑣的工作，讓部門的運作流程變得暢順，就如每天早上，在衣櫃的不同位置，拿出當天要穿的衣服，可是在獨自搬出來自住以後那些忙得不可開交的日子，早上起來找不著需要的衣服，頓時發覺往日有偉大的母親不辭勞苦，替我們整理收拾，我們才會順利出門上班。當然我並不是說刻苦耐勞的員工如同母親那樣，我想告訴大家的是，當一切變成習慣，些微的改變都可能導致公司無法運作，可以說是牽一髮動全身。那些默默工作多年的員工，熟悉公司的

一切運作，尤其是公司內的一切人物關係與不同流程背後的意義。

過往我曾在一些歷史悠久的企業工作過，公司內也有不少工作多年的員工，無論人數與工作效率都曾讓人懷疑，只是在深入瞭解過後，我明白到部門內的那些默默耕耘的小角色，其實是一部公司的活字典。有些工作，外人看來覺得意義不大，減省掉可以增加效率，但他們定能告知你一切在程序上的意義，然後默不作聲地堅持著。他們看似固執，但其實是對自己的工作負責，努力工作直至完成，展現出耐勞的精神。

Being happy is not being
afraid of your own feelings.
It is to kiss your children,
pamper your parents, to live
poetic moments with friends.

勤力、有毅力、有耐性又
忠誠的人的字跡

從筆跡上看，勤力、有耐性又忠誠的人，寫起字來，連筆的字特別多，同時字字清晰，一筆一劃都能讓你清楚看見。他們寫字的速度並不是很快，但也說不上是慢。此外，一般來說，他們的字不會很大，因為他們為人低調，不太喜歡活在鎂光燈下，只想悠閒自在地按著自己的步速，專注於自己選定的工作過活，這樣才最順心。

有些員工異常地有毅力，除了上述字跡特徵，他們在無間線的紙上，無論橫寫或是直寫，每行都頗直而且平穩。此外，你不難看見他們將垂直的筆劃寫得又直又長，看上去好像有點力度，如果字的闊度再稍為窄一點的話，就是性格有點固執的表現了。另外，還請你們留意他們寫的標點符號，標點符號通常是我們忽略掉的細節，可是他們還是會小心翼翼地寫出來，並且很精準地安放在紙上適當位置。試想想，與能關注到細節的人一起共事，定必很放心。

其實，每家企業都有不少在公司工作多年的員工，他們為人忠誠，也刻苦耐勞。一個團隊，需要有不同性格特點的員工，互相配合，各司其職，總有些人會樂意位於低調的位置成就團隊，讓團隊發光發亮。

市場推廣新趨勢： 3.4
手寫創商機

在德國，一家初創資訊科技公司的創辦人亞歷山大林克 (Alexander Rinke) 設計了一套大數據分析系統，改善企業在運作中涉及人為及流程上所衍生的效率問題，並制定相應的解決方案。亞歷山大林克與另外兩位合夥人，對自己設計的系統信心十足，只是作為初創企業，應如何將自己的產品，推介給國際大品牌，是一個難題。

問問各位：每天打開電子郵箱的時候，你會收到多少封商業推廣的電郵呢？而當中又有多少封會被你打開並認真細讀？還是看也不看，馬上刪掉？有的商業機構，也會選擇郵寄，希望讓推廣信件可直接送到老闆手中，只是從郵差到公司接待員，接待員再到秘書，一環又一環，而且秘書每日處理的信件甚多，很容易被在一堆同是白色的、近乎一模一樣的信件遮蓋住而「消失」了，當信件終於被送到老闆的手上，若碰巧他忙得不可開交，那麼這封信被拆開

的日子便遙遙無期了。這些正是林克擔心的問題。

因此，林克想到了一個方法，就是親手寫信給各大品牌的
CEO。他認為手寫信在商業社會出現的機會較少，而且有
可能被認為是個人信件，於是就有機會在秘書的手上「逃
脫」，直達 CEO 手中。更重要的是，手寫信是一種很個
人化及有誠意的表現。結果林克親手寫了不少信，成功推
廣他的產品，建立了一個市值約 78 億港元的企業，客戶
包括了寶馬車廠、西門子、通用汽車等。

或許你會說，這是個別例子吧！國際市場研究公司
Evergage 於 2019 年為「個人化」這個市場推廣趨勢，調
查了 300 多家美國企業。超過 90% 的公司反映「個人化」
的市場推廣增強與客戶的關係，當中更有一半因此為公
司產生直接收入。國際管理諮詢公司麥肯錫 (Mckinsey &
Company) 亦有報告指出，這個「個人化」改善了市場推
廣費用的效率約 10% 至 30%，更為企業帶來 5% 至 15%
的收入增長。在英國，就有一家初創公司將手寫與個人化
的市務推廣結合，以人工智能的方式，學習並模仿不同
人所寫的字，為企業印製手寫的推廣信件，並安排寄給
指定的客戶。或許你會有這樣的疑惑：這與電腦打印有

何不同？

其實這是一部人工智能的機械手，機械手套上一枝一般使用的筆，通過人工智能，學習手稿上的獨特寫字模式，當中包含了個人寫字時，那獨有的墨水流向方式與細緻的手寫習慣，而從機械手寫出來的效果就如真人所寫一樣，為市場推廣文件建立「個人化」。那麼你可能會問，為何不親自手寫？這公司的客戶對象，是需要寄發大量手寫推廣信的公司，親手抄寫一封信可能要 10 分鐘，而這個機械手能在 2 分鐘內完成抄寫，增加了市場部的工作效率。我想，這個機械手絕對是學生的恩物，亦可能是筆跡心理學界的一個新挑戰。

話雖如此，無論企業採用機械手的方式，或是手寫的方式，親手寫信絕對是一項量身定做的個人化表現，這是我們一直都很喜歡的那份「手寫的溫度」。溫度是要去感受的，給人一種窩心的印象，至少書寫人肯花時間為收件人寫，已是很有誠意的表現，給予客戶一份額外的親切感，回報或會超乎想像，是一個值得考慮的市務推廣策略。

辭職有道理

在社交媒體上，一個男生上傳了母親的一封手寫辭職信，對母親的行動感到自豪，也祝願母親退休生活快樂。這個舉動看似平凡，卻在網絡上流傳開去，引來 10 萬網民支持，得到 3000 多個回應。更意想不到的是，連英國多間主流媒體也稱這封信為「力量的留言」（Powerful note）。究竟那個母親寫了些什麼？

該位女士名叫 Julie Cousins，她每天在銀行的後勤部上班，多年來盡忠職守，任勞任怨地從事清潔工作，就這樣度過了 35 個寒暑，至今已經 60 多歲。Cousins 女士離職的原因，主要是因為她的經理在辦公室內狠狠地斥責她，以及上級對基層員工的待遇毫不在意。Cousins 女士認為，清潔工人也是常人一個，人與人之間的相處原是平等的，只是因為她的崗位被認定是「小職位」，因而被公司遺忘，更不受上司尊重，所以親手寫下辭職信，即時裸辭。

Hi ladies tomorrow will be my
last clean for the company.
I have made up a bucket of
cleaning materials for
the next. cleaner who ever that
may be!!
I've left the job after the
way you dressed me down in
the office it was nothing more
the cruel.

作者模擬的辭職信

看到 Cousins 女士的手寫信，我想換個角度瞭解一下，為何經理的斥責會觸動 Cousins 女士的神經，促使她灑脫地即時放棄一份有 30 多年感情的工作。在手寫信中，我看到左邊的文字猶如「之」字形，形成彎彎曲曲的輪廓，這樣的寫法並不多常見，因為大多數人在讀書時代已習慣將左邊的字靠得整整齊齊。有些人執筆時，會不自覺讓字句

慢慢向右方移，也有些人慢慢向左推進，無論是哪一種，都不會是像上圖那樣彎曲的模樣。

這樣的寫法，依書直說，大概有數個原因或暗示：其一，書寫人的學歷可能不高；另一個可能，是她情緒不佳、心緒不寧；此外，這顯示出她的內心深處埋藏著一股敵意，也可能覺得自己不可能挑戰他人的威信，甚至暗示著「我要自由，做回真正的自己」。看到這裡，讀者們，你認為哪個解釋來得合理呢？

其實，不少網民都支持 Cousins 女士的舉動，更認為她寫下的語句發人深省，能讓大家反思職業從無階級之分，小職員也應該得到企業關注。很多時候，社會上默默耕耘的基層員工都很容易被忽略，以 Cousins 女士的職業為例，每天站在前線的清潔工人，口罩不足、工時長，福利之少更不用說，有的甚至連午飯時間都要在公廁內用餐，疫情期間，大家或許對這些影像都記憶猶新。一般而言，清潔工人的教育程度不太高，年紀也可能偏大一點，但他們對工作有責任感，亦不怕從事這些厭惡性工作，如果沒有他們的付出，試想像，我們周遭的居住環境，會是如何惡劣？

企業之內，員工各司其職，缺一不可。團隊原是一個共同體，每個職位都有其存在價值。再從自身角度出發，大家活在同一天空下，應心存善良，待人以寬，漸漸地你會發現，人與人相處原來是那麼簡單、直接，你散發出來的正能量，原來是那麼強大。

筆跡可以說話，工作壓力的警號

在我推廣筆跡分析之初，有不少朋友很感興趣並傳來手稿，希望我能透過字跡預測他們的將來，例如何時才能找到一份好工作等等。他們都很好奇：筆跡分析能否預測一個人的未來發展？

對於這樣的提問，我是很理解的，始終測字算命早已深入民心。在學術上，著名的法國心理學家如阿爾弗雷德比奈（Alfred Binet）也曾將筆跡心理分析冠以「偽科學」之名，只是在他深入理解筆跡分析，並與他所創立的智力測驗作研究比較後，他重新肯定了筆跡心理分析的功用。

在我研習筆跡學時，參考書籍及資料是必要的，通常最簡單的方法就是到圖書館尋找，不過過程並不如想像般順利。原因有二，其一是這方面的參考書籍並不多，其二是分類的問題，我以為筆跡學是屬於心理學科的範疇，但原

來有些圖書館會將筆跡學歸類為新時代或玄學類別，所以大眾對筆跡心理分析有誤解，也是尋常不過的事情。

筆跡心理分析，從有文獻記載開始計算，已有 400 年左右的歷史。通過收集不同研究的數據，筆跡分析已集成一個大數據庫，不同國家的研究人員不斷為這個數據庫增值，而且研究類別涵蓋不同方向，包括書寫治療、性格、喜好、才能、精神健康甚至犯罪人的特性等等，十分豐富。

對於「筆跡分析能否預測一個人的未來發展」這提問，從較科學的角度看，我們可通過筆跡分析更深入地認識自己，發掘自己潛在但仍未留意到的天賦，將最好的發揮出來，這樣我們便更能掌握自己的未來。

筆跡也能顯示出不同程度的精神心理健康。在香港這個「壓力之都」，特別是近年疫情所帶來的經濟與心理壓力是不容忽視的，在筆跡心理分析的基本原則裡，其中一項就是寫字當刻的情緒：你在紙上寫下的線條，能即時表現出當刻的心情與想法。這些想法的因由，也受個人的成長背景、過往經驗、思考模式與抗壓能力等行為習慣所影響。

外國有不少將筆跡分析用於精神健康的研究，我想分享的，是一個於 2016 年由印度國家精神衛生和神經科學研究所主導的研究。報告指出，患有不同類別精神疾病的人，筆跡會因病情而有所轉變。舉個例說，一名患有抑鬱症的病人，患病後的字跡隨病情的嚴重程度而發生變化，他寫的字母的闊度由 85% 增加至 150%，字的高度也增加了 10% 至 15%。病人寫在紙上的字，整體看起來變得彎彎曲曲的，不過在接受了一段時間的藥物治療後，字跡又漸漸重回正軌。由此可見，筆跡是能夠「說話」的，那是腦部在告知執筆者重要的訊息。

正因為這樣，筆跡是旁觀者觀察對方的一種工具，在過往的筆跡分析個案中，我曾遇見工作壓力非常沉重的朋友，從他們的手稿上，看到寫出來的每行字都是往下傾斜的，也有些將每一行寫得異常的彎彎曲曲，而這樣的字跡與他們以前寫的又完全不同，寫字的力度比以前重，有的更有「積墨」的狀況。這些是精神健康上的警號，負責人力資源管理的同事或部門主管，應多留意同事或員工的筆跡，適時關心他們，讓他們注意精神健康。

激勵員工的 好方法

企業是一個由不同的員工組成的團隊，一家企業的成敗，在於如何管理這個團隊，讓整個團隊朝著同一方向，為公司拼搏奮鬥。只是人才管理，從來都是管理人員最棘手的挑戰，問題在於如何促使員工盡其所能，甘心樂意做到最好，這其實也是不少專門研究人事管理的人員，花時間去探究的題目。

俗語有云：「有錢能使鬼推磨」，一直以來，不少企業大概都認為，要留得住好員工，最有效的方法是給他們足夠的金錢作回報，這應該沒有什麼異議，但到頭來，員工也還是決定離職，於是唯有再提高薪酬，在外招聘，認為高薪何懼沒有好員工。對於這個想法，我想到了由美國愛荷華大學 Tippie 商學院（University of Iowa Tippie College of Business）與美國威斯康辛大學麥迪遜分校（University of Wisconsin-Maddison）共同發表、關於以薪金激勵員工的

研究，這個研究指出，在過往有關員工對薪酬看法的調查上，不少員工在年終自我評估時，會誇大薪酬金額，好讓僱主在新一年提高自己的薪資，但並不代表他們在加薪後會更努力工作，所以還是請公司留意一下，加薪後員工的實際工作情況，那才是最真實的。不過薪酬也並非完全不能激勵員工的工作表現，研究指出，對於那些在學時學業成績較好、有自我勝任感的高效能員工，薪酬與工作績效掛勾，才顯得較有用。

之後，波士頓哈佛商學院（Harvard Business School in Boston）與馬薩諸塞州劍橋市企業績效研究中心（The Center for Research on Corporate Performance in Cambridge, Massachusetts）就員工推動力發表了聯合研究報告，參與這個研究的，有來自《財富》500 強公司的 300 位員工，與兩家全球企業巨頭的近 400 位員工。「推動力」分別是員工參與公司事務的主動性與承諾感、滿足感、以及離職的意圖等作衡量，研究結果指出，企業如能滿足人性上的四大範疇，員工的工作推動力能上升達 60%，所謂的四大範疇，是指追求物質與非物質回報的動力、團隊的歸屬感、滿足於學習新事物與面對挑戰的機會，以及在公司內受到公平的對待，不過這四大範疇，並非單一就能夠激勵

員工，所以建議企業需要同時考慮。

當中所謂的追求物質與非物質回報的動力，是指生活上的需要，簡單地說，薪酬是其一，不過現今世代，薪酬也並非單一的因素，因為經濟進步，更加多人享受生活上的體驗，如旅行及各種各樣的娛樂活動，所以假期的多與少也是員工的一個動力，而非物質上的回報，就是指員工升遷的機會，以及其帶來身分上的轉變。

以上的四大範疇，與美國著名心理學家亞伯拉罕馬斯洛（Abraham Maslow）所提出的需求層次理論（Maslow's hierarchy of needs）頗為相近，馬斯洛指出，人性的各項需求，是以層次形式出現。由最初「生理上的需求」，如食物、健康等，在工作上則是工資與各項基本待遇。再上一個級別，是「安全的需求」，這是如何保護自身的安全，如居所、金錢等便可讓自己的生活得以保障，換到工作上，公司的員工保險、各項福利與退休安排都是安全上的需求。再較高的一個層次，是「社交上的需求」，那是人與人之間的相處，而在工作上，同事之間的交往與對公司的歸屬都屬社交上的需求。最後要考慮的，是「尊重的需求」，包括了如何實現個人價值。剛才我們談過的非物

質性的回報，工作上的被肯定、獲得升遷機會與受公平的對待，均屬於「尊重的需求」，而這是自我實現，對自己的肯定。馬斯洛認為，每個人的推動力，並不是單一的，人生來就是同一時間有不同的需要。由此可見，要激勵員工奮發向前，就必須瞭解清楚每位員工的需要。

波士頓哈佛商學院的研究同時也指出了直屬上司的重要性。研究結果顯示，員工認為直屬上司是一個主要的渠道，滿足剛才談到的四大範疇，縱然他們明白到，直屬上司並不能完全影響公司的制度，但對他們而言，也有一定程度的生殺權，正因如此，為人上司的，也該多瞭解下屬的各項「需求」，適時激勵下屬。

至於如何找出下屬的工作推動力，上司可從筆跡分析入手。在筆跡上，英文字母上、中、下 3 個區域的比例透露出重要的信息，寫字下區域比較長、力度較重的人，一般較需要穩定性所帶來的安全感，處理較熟悉的工作，他們會感到安心。不過，若是寫字的力度屬中等或較輕、寫字的速度較快、右邊頁邊的空間較窄，以及有些字母看似數字的話，增薪或是額外的花紅就能成為他們的推動力，將薪酬與工作績效掛勾，給予他們明確的目標，定能激發他

們的工作潛能。

在工作上需要被認同的員工寫的字，上區域那部分與英文大楷字母，通常都是比較長的，他們的簽名也不會小，而中區域與下區域雖比上區域小，但還是能清楚看到的。至於將中區域寫得較大的員工，普遍來說，字與字之間的距離不會太闊，寫字的力度屬中等。這類員工最喜歡團隊工作的氛圍，享受人與人之間的互動與尊重，因此，熱鬧、友善的工作環境最能打動他們。

In Styria, We, though by no means magnificent people,
inhabit a castle, or schloss. A small income, in that part
of the world, goes a great way. Eight or nine hundred a
year does wonders. Scantily enough ours world have answered
among wealthy people at home. My father is England, and
I bear an English name, although I never saw England.

工作上需要被認同、喜歡團隊工作的人的字跡

除此以外，管理人員也需要留意員工寫字的力度。寫字力度較輕的人，很少會主動說出自己的想法，原因有很多，其中較普遍的，是他們的想法與喜好時常改變，也可能因

為他們擔心自己的話會惹同事不高興，要找到能激勵他們的方法，並不容易。不過管理人員大可留意一下與他們相熟的同事，他們容易受到身邊朋友影響，因此可從團隊合作的方向入手。至於寫字力度較大的員工，管理人員可先從寫字區域的比例，瞭解他們的需求。他們大多比較看重情義，為人直率，在推動他們努力工作的環節上，上司與同事之間的關係與溝通非常重要。

以上只是一些簡單的筆跡分析方法，讓你能快捷地作簡單的員工分類，以便鼓勵員工士氣。始終人生來就有無盡的需求，在筆跡上的反映也更為複雜，待各位掌握基本的技巧後，有機會我再深入解釋。

筆跡分析與筆跡 3.8
鑑定大有不同

一直以來，我對筆跡的分享，多是從筆跡分析的角度出發，從不同的書寫線條與書寫版面上的使用等，解構書寫人的性格特質、天賦才能和精神健康等等，主要應用在日常生活中，就如本書的主題，將筆跡分析的方法應用於辦公室裡，分別讓僱主及僱員更瞭解自身與團隊的需要，從而加強團隊協作意識。我也在《你是誰？我是誰？解讀人心的筆跡秘密》談過如何透過筆跡分析犯罪人的心理，為執法人員找出破案端倪。這是筆跡心理學的範疇，只是很多人對於筆跡分析與筆跡鑑定兩個方面有一點誤解，對於與筆跡有關的話題，就當作是筆跡分析。

其實在最初的時候，我也有這樣的誤解，在我繼續進修筆跡鑑定後，我深入瞭解到兩者並不能混為一談。對於「筆跡鑑定」，正確來說應該稱為「可疑文書的科學檢驗」，主要是源於對文件的真偽存有疑問，於是請筆跡專家以科

學的方式作檢驗，要留意的是，我談到的是「文件的真偽」，所以包括的範圍頗廣泛，一般人最熟悉的簽名是其一，其他如手寫筆跡、打印出來的文件、變造文書等等也包括在內，書寫墨水、紙張、打印與影印等，都有機會成為檢驗之列，過程複雜，並不是一般想像中的簽名鑑定那樣簡單。至於書寫文字上的鑑定，主要是通過已確認手寫人身份的手稿樣本，找出其書寫習慣，然後與可疑的筆跡作對比，再決定可疑的筆跡是否屬於他本人。這是一般涉及法庭案件的處理方式。

商業社會上有大量的文書處理，當然在今時今日的電子世代，手寫文書確實比以前減少了很多，不過，就算企業的運作變得電子化，簽名確認在不同的企業依然存在，例如員工的費用報銷、與供應商的採購確認、與客戶核實價錢與各類合約等。

在我過往的經驗中，尤其是在公司工作了一段頗長時間的朋友，他們的簽名越來越簡單，被代簽或冒簽的情況偶爾也會出現，通常是在公司的內部監控的程序上被發現。過往在我處理過的筆跡鑑定個案，或是公司內部監控審查的個案中，尤其多人在費用報銷上冒簽，我曾分別在報銷申

請與費用收據上看出同一人的筆跡，費用收據上所寫的字，原應屬於服務供應商的員工，但費用收據上的字，與申請報銷的員工有著非常近似的寫字習慣，於是才發現問題所在，最後交由公司處理。也有一種情況是，由於公司推行文書電子化，在電子文件上留下的是經電腦掃描下的簽名，而簽名的原稿早已消失，員工在複核採購文件的時候，對於其中的一張報價交易完全沒有印象，在進行簽名鑑定後，最終發現報價單上的簽名是真實的，只是報價單上有複製的情況，再經掃描方式處理文件存檔，真實的簽名就被用來拼合成一份可疑的文件了。

因此，無論任何企業，都應關注手寫的重要性，筆跡分析可協助公司招聘合適的員工、激發員工的內在潛能、協助內部溝通與加強團隊精神，而從筆跡鑑定的角度來看，簽名與手寫字的管理，是企業內部監控上要考慮的問題，絕對不能忽視。

無「字」可取之簽名深度談

你的名字，該如何簽？
為自己設計一個好簽名吧！

CHAPTER 4

簽 名 的 意 義

在科技主導的年代，不少企業為了提高工作效率與營運效益，同時希望加強監控，將工作流程全自動化，再加上雲端系統的普及，辦公室數碼轉型，似乎是大趨勢。不少對筆跡有興趣的朋友，都嚷著要在工作時收集筆跡手稿，甚有難度。話雖如此，在企業內各種各樣的文件審批中，親筆簽名在申請批覆的程序上還是有存在的需要，要收集上司、同事、客戶等工作夥伴的簽名，也較為容易，而且，不少人對於解讀親筆簽名特別感興趣，希望藉此瞭解在職場生涯上遇到的人，從而打好關係。

談到筆跡與簽名，相信不少朋友會第一時間想到遺囑冒簽，而那是屬筆跡鑑定的範疇。上一節也提到，筆跡分析與筆跡鑑定大有不同，我先談筆跡分析，往後的章節再詳細解釋筆跡鑑定。

簽名是個人身份的標記，每個人都有其獨特的書寫方式，簽下自己的名字，以作身份識別，就如剛才提及到在遺囑上的簽名，表示確認，並具有法律效力。簽名在企業業務上，擔當重要角色，支票、合約處理、文件批覆與員工各項申請確認等等，都是最基本的企業文書記錄，各項整合成一個企業的權力架構，而簽名次數的多與少並不代表權力的多寡，簽得最多的往往是中層管理者，一名定江山的，才是真正的領導。

在企業的內部監控上，簽字批准的權力一般是由公司的授權政策所賦予的，所謂的「權力」，只是維持在有規定的權責範疇，超越指定範疇的簽署是越權，所簽的名字除非得到企業重新確認，否則就等同失效。雖說可以重新確認，但在內部監控的角度上，不當的人作不當簽批，是內部監控制度上的一個缺陷。

在西方國家，簽名的起源有不同說法，其中最早見於公元前 3000 年，當時的蘇美爾人把圖像及符號刻在石頭上，用以表明身份，不過這只是石刻，手寫形式的簽名式樣已知又被發現的，是西羅馬帝國皇帝瓦倫提尼安二世的簽名，這展示出管治權力的身份。

簽名在中國歷史上的文獻記載，資料較多，閔庚堯在《中國古代公文簡史》一書內，指出早於商代，在甲骨文的占卜記錄上，除了占卜內容外，還有刻上占卜人的名字與日期，用作記錄占卜負責人，相信這就是最早的簽名展示模式。漢代以後，官府的文書都由負責公文記錄的人，預先起草，並在公文的末端留有一個空白位置，給負責官員簽名，以示對內容的認可證明。戰國時代《韓非子》一書也曾記述「田嬰令官具押券斗石參升之計」，當中的「押券」就是指已有簽名的憑證。

聽到「押」這個字，有看中國古裝劇的朋友，大概也聽過官人著犯人「畫押」認罪這些對話，不難聯想到「畫押」就等同簽名。其實原來的「畫押」是古代校對文章時在旁畫下的一些符號，有核對確認的意味，不過久而久之，就演化成簽名的一種，簽過名字以後，就等於認同與負責。直到唐代書法興盛，有些喜好書法的人，以草書方式在書寫的卷末下款寫下自己的名字，這種寫法稱為「花押」。不過「花押」早在北齊時代已經出現，《北齊書·後主紀》記有：「連判文書，各作花字是也。花字亦謂花押」，「花押」其實是具有藝術性的簽名，以簽名形態凸顯簽名者的個人風格，在某程度上，代表了個人的形象。

喜好日本文化的朋友，或會有這樣的疑問，日文中也有花押這個詞語，那麼花押源自日本還是中國呢？唐宋時期，文化鼎盛，與日本的交流也非常頻繁，花押一詞亦因而傳到日本，成為日文漢字之一，同樣也表示簽名。

由此可見，簽名除了是用作識別身份以外，親手簽下的簡單數個字也背負著責任，要承擔責任，表示坐擁著權力與財產。權力可能來自職位與身份，財產就簡單得多，走入銀行，簽個名字，開個戶口，就是你的資產；在契約上簽下名字，契約上的物業就是你的不動產，或許還需多加一個按揭貸款的保證。此外，一男一女走到婚姻登記處，一同簽下名字作承諾，就多了了數十年的責任，當然也包含著幸福歲月的憧憬。所以，一個簽名，意義重大，我們必須要認真看待自己的簽名。

超乎你想像的簽名暗示

在 M+ 文化博物館內，有藝術家將一個政治人物的簽名融入自己的畫作當中，使畫作添上多一層意味。簽名這個看似普通、一直被認為是很個人的東西，似乎超越了我們的想像。

常見的例子，如前美國總統特朗普常常高舉自己在不同文書上的簽名，向傳媒展示他的權威。除了政治人物，不少企業家也喜歡將親筆簽名印上公司的年報或張貼至網站，以顯示一種儀式感、一份責任，甚至是「領袖」與「成功」的展現。

「貼地」一點的還有偶像的簽名。NBA 籃球巨星到港，粉絲除了希望一睹他們的風采，還希望得到他們在球衣上，甚至乎籃球上的親筆簽名。不喜歡運動的朋友，早前走在街上，只要經過某大快餐店，便會看到本地組

合 MIRROR 的簽名海報，也有不少網民展示自己收集到的、印有各成員簽名的「鏡仔卡」。撇除親筆簽名所帶來的市場價值，各位有否想過，印上簽名與沒有印上簽名的硬照，兩者給你的印象有何分別？其實，簽名上的筆觸線條是一種情感交流，能讓粉絲多一分親近偶像的滿足感，同時為簽名者增添風采。

以印有呂爵安（Edan Lui）簽名的「鏡仔卡」為例（見後頁），英文字母大楷「E」與小楷「d」的寫法，表達了簽名人對傳統文化藝術（可能在音樂方面）的興趣傾向，不過這個「傳統」在自己手上熟練以後，還是需要有變革與「貼地」一點，他才會感到滿足。此外，一直連筆的線條與清楚展示了自己名字的簽法，顯示了簽名人做事專注，強於邏輯思考。再者，他喜歡與人聯繫，亦不介意告訴你他的想法，並且相當努力將工作有系統地完成，可以說是一個頗有擔當的人。

看到這裡，讀者或許會有這樣的疑惑，作為一個普通市民，既不是政治首腦，也不是商業領導，更不是偶像，簽名於「我」而言不過是用來「碌卡」確認消費，其餘的與我何干？

印有呂爵安簽名的「鏡仔卡」

其實從以上的例子可見，簽名既是執筆者與接收者之間的溝通，也是你選擇如何展現個人形象。即便是普通人，在每天出門前，不是也會花時間為自己的衣著打扮花心思嗎？簽名，就是用筆劃線條表達出你給他人的第一印象，在某程度上，代表的是你個人的尊嚴。簽名寫在紙上成為永久，比起打扮，更不能馬馬虎虎。也許這樣說：認真處理一個簽名就能改善你給他人的印象，何樂而不為呢？

簽名的疑惑 4.3

與外國商企接觸較多的朋友，偶爾或會聽過「Can I
have your John Hancock please?」（可否給我你的 John
Hancock?），然後發現其實對方只是想你簽下名字而已。
為什麼會這樣說呢？在解答這個問題之前，我請大家先看
下圖：

《羅伯斯庇爾（暗殺）》，艾弗里辛格（Avery Singer）繪

這張照片是我在開幕不久的 M+ 博物館內拍攝的，背後的畫作，是美國藝術家艾弗里辛格（Avery Singer）於 2020 年創作的畫作《羅伯斯庇爾（暗殺）》。這幅畫的內容留待各位到博物館慢慢觀賞，我想請大家留意畫作上的簽名，因為這個簽名並不屬於艾弗里辛格，而是屬於美國開國元老約翰漢考克（John Hancock），原簽在 1776 年 7 月 4 日的《美國獨立宣言》上。由於漢考克先生是當時會議的主席，他作為首位簽署人，代表了北美洲 13 個原屬英國殖民地的地區脫離大不列顛王國，正式獨立成為美國。自此「John Hancock」這個標誌性的名字，就成為了「簽名」的代名詞。所以若有人對你說「I need your John Hancock」，就表示他需要你的簽署而已！

當年漢考克先生在《獨立宣言》上的簽名就在正中位置，也比其他人的要大。有傳言說，漢考克先生特意把簽名簽得較大，為的是讓英王不用戴眼鏡也可以清楚看見這宣言已被確立。當然這傳言並沒有得到證實，不過從筆跡分析的角度看，將簽名簽在最正中位置，以及簽得很大，其實是執筆者很需要被重視。看到宣言上各人的簽名，相信大家很快便能找到漢考克先生的了。各位喜歡被「注視」的朋友，你應該知道怎樣去簽自己的名字吧！

《獨立宣言》上的簽名（圖片來源：Wikimedia Commons, https://commons.wikimedia.org/wiki/File:United_States_Declaration_of_Independence.jpg）

同在 M+ 博物館內的另一個展品上，我看到了一篇手稿，與剛才談到「被注視」的渴求，有異曲同工之妙。《魚雁計劃》是藝術家李明維先生的創作，是可讓觀眾一同參與的藝術裝置。李明維先生在外婆離世之後，透過寫信的方式，告訴外婆自己未能說出口的心底話。後來，李明維先生將這段經歷轉化為作品，搭建了 3 個寫信小亭，邀請觀眾入內寫信，讓他們以筆觸抒發個人情感。

《魚雁計劃》，李明維設計

146

亭內提供筆、紙及信封，寫信完畢後，大家可先寄放在亭內，博物館會定期寄出。參觀當日，我看到不少放在亭內的信件的抬頭被寫上「給未來的自己」，有的沒有放入信封，直接顯示出內容，我剛才談及有著異曲同工之妙的，就是這一封：「My signature，點睇？」書寫人將字寫得非常大，簽名與字均寫在紙上比較正中的位置，同樣表達出渴求注視的情感，似乎很希望有人看到自己的簽名，並給他／她一點意見。

說實在的，以字會友往往是不錯的主意，因此當刻我想即時回應。仔細留意，這位朋友寫字的速度很快，連筆線條特別多，簽名向上傾斜，展示了一個積極進取又聰明的形象。各位讀者，對於這位朋友的簽名，你們又「點睇」呢？

簽名時常在變，該如何分析？

不少對筆跡分析有興趣的朋友，常有一個疑問，就是察覺到筆跡時常在變，簽名更甚，那該如何分析？在回答這個問題之前，我請你們先想一想：還記得你的第一個簽名，是在哪個時候出現的呢？哪個時候開始覺得需要重新改變簽名？又或是覺得是時候需要改變一下？那麼現在的你又有多少個簽名呢？當中又有沒有發覺，原來自己的簽名在不經意的情況下，調整了也不知道呢？

先談我們的第一個簽名，相信在大部分朋友的心目中，簽名應該與手寫名字略有不同，至少我那個正在就讀小學的外甥女告訴我，學過了英文草書後，全班同學都用草書來設計自己的簽名，因為英文草書的字形甚優美，用作簽名，便與大人的「潦草」簽名相像，說完她的臉上流露出沾沾自喜的樣子。在小孩的世界裡，學懂寫「潦草」，再用「潦草」為自己設計一個簽名，就像是象徵邁進成人階

段的儀式。朋友們，你曾經有個這樣的想法嗎？

在〈簽名的意義〉中，我提到簽名表達了自己的身份，也是一個「確認」。還記得初讀幼稚園時，我們會學習寫自己的名字，學會後便將名字寫在功課簿的封面上，用以確認那是屬於自己的功課，這理應也是簽名的一種，只是太多人都不曾注意到，因為當時我們手部的肌肉控制與腦袋的發展仍未成熟，一筆一劃都很純粹，沒有任何修飾，因此，這個所謂的簽名，沒有「形象」的包袱，百分百地展現真我，不過這只是「在發展中」，並不能代表今天的我們。

我曾問過不少人，在他們的印象中，第一個簽名在哪個時候出現？很多朋友都不約而同地回答，應該是在中學時代，可能是 13 至 14 歲，又或是 15 至 16 歲左右，那個時期，是兒童階段與成人階段之間的過渡期。著名發展心理學家艾瑞克森 (Erik Erikson) 認為，這個年齡層的年輕人，在與友伴相交的互相影響下尋找自己的角色，是身份的自我確認。簽名對這些年輕人來說，是展示出他們心目中的理想的形象角色，雖說是這樣，但從他們簽名的線條，也透露了他們的人生方向，與過往成長經歷對他們的

影響。由於他們正處於追求自我認同的階段，意圖找出並迎合同輩之間的觀念、看法和追求的事物，例如會喜歡同樣的偶像明星、穿同樣風格的衣服等等，因此，他們大多會參照身邊友人的簽名式樣，又或是他們所崇拜的人物的簽名式樣，尤其是當時喜歡的偶像明星、具影響力的老師與父母等等。另外，在這個時期，心理、生理、外貌和身形皆在轉變，簽名的式樣也如是。這是自我探索的時期，當一切安頓後，簽名大概便有一個穩定的模樣。

進入工作階段後，原來的簽名隨工作職責與資歷，日漸演化和分拆成不同的簽名，甚至進一步功能化，變成「一名多簽」的模式，例如在銀行提取文件或簽契約等正式公文時，用自己定下的「官方簽名」。在工作單位內，有些朋友的職責涉及大量簽批，他們大多會因此而簡化自己的簽名，以改善工作效率；或是肌肉因經常簽名而感到酸痛，於是筆劃寫少了；又或是晉升了以後，認為應該要有一個像「老闆」般的簽名。

看到這裡，你有想過截至今天，你曾有過多少個簽名嗎？在這一刻，有多少個簽名仍在使用？其實這個「一名多簽」的情況，比比皆是，只是從一般人來看，同一名字，

不同的筆劃組合方式，看得讓人頭疼，不知該從何入手。簽名一直在變，所寫的字也一直在變，這是正常不過的事情，不同的變化，表示著一個人的成長閱歷、個性與生活態度隨著生活中的一點一滴累積而轉化成生命。不過你依然是你，每個人與生俱來的基本性格在長成以後，很少會改變，「本性難移」與「死性不改」原是有其意義的，當然，待人處事的態度與看似難以駕馭的情緒還是可以調整的。

因此，無論你有多少個不同的簽名，中文或英文，我們都能在專業層面上，找到這些簽名的共通點，比方說：著重以垂直筆劃簽名的人，不難在其不同形態的簽名中找到相似的特徵；其次，筆劃的墨水分佈與字形的比例在同一人的筆跡上也較相像。當然，這些對一般人來說有一點難度，不過在經過訓練後，還是能夠分辨到的。

此外，不少朋友都關注到，不同的時間有有不同的簽名，那麼該如何選擇合適的簽名作分析呢？剛才我曾談過，不同的年紀，有不同的簽名設計，這反映出當時當刻的一些想法，與配合功能上的實際需要，例如，若分析他／她中學時代的簽名，大概只會看到其中學時期的一些想法，對

目前而言用途不大，不過仍然可以作為個人心路歷程的參照，對比一下不同時期的簽名，以便能找出對自己看法的根本。要找一個合適的簽名作分析，最好是選擇近 2 至 3 年內的簽名，因為是在一般的情況下，筆跡變化相對較少，分析出來的結果也較合理。

簽名的基本 4.5

在我們掌握了書寫技巧以後，每次執起筆，在功課、試卷和文件上總是不忘簽上自己的名字。所謂熟能生巧，練習多了，運筆自然更流暢，更熟練，也更趨穩定，只是在不少人心中，簽名還是會因應不同的環境而有所改變，那該如何分析呢？

這個問題，包含了兩個層面：
（1）簽名如衣服，不同場合，有不同的簽名；
（2）既是如此，該如何處理分析？

先回應問題（1）：英國南安普敦大學（University of Southampton）與英國肯特大學（University of Kent）曾就為何看簽名能瞭解他人這個題目做研究，通過分析 113 位參加者的簽名，與他們所做的各類性格問卷結果相配對，發現簽名雖然經過個人設計，但還是會透露出簽名者的部

分性格特質，以及表現出理想的個人形象。但是，不同場合自有不同形象，譬如在家是慈父，上班後是嚴以律己的管理層人員，是相當合情合理的。在任何情況下都用同一簽名樣式的朋友，大多是希望維持同一理想形象，也就是說，個人簽名會因應不同環境，表達不同的個人形象，但不同形象的背後，依然是同一個人，既是同一人，性格特質也應該沒有多大的分別，所以無論你簽名的樣式有多少，如要進行分析，程序還是一樣的。

分析一個簽名比分析文字來得複雜，我們必須從最細微的地方開始，正如你要拆開一部電腦，首要是鬆開細小的螺絲。同樣地，簽名上那微細的筆觸就是我們要留意的地方。或許你會認為，筆跡專家擁有接受過訓練的一雙眼睛，要從簽名找到微小的線條絕不困難。但是門外漢又能觀察得到嗎？相信大家應該都有玩過「找不同」遊戲，各位可從「找不同」的角度出發，嘗試在簽名中找出不同的特徵。

I.
簽名的附加裝飾圖案

所謂裝飾物是指一些線條或圖案，即是與名字無關的部分。將這些部分加入在簽名上，是有含義的，表達出簽名者心中所想。一般而言，喜歡將一些可愛圖案加在簽名上的人，富有幽默感與創意，總喜歡在沉悶的生活中為自己及他人增添色彩，多是樂天派，也頗愛美。

音樂人郭偉亮的簽名（圖片來源：Wikimedia Commons,
https://commons.wikimedia.org/wiki/File:Eric_Kwok%27s_autograph.png）

不同圖案的選擇，有不同的暗示，喜歡在簽名中加入「心心」的人，對美是有所追求的，尤其是自己的外表，同時亦意味著他們是帶著愛與喜歡的人交流，通常較多出現在

偶像歌手的簽名上。

與「心心」較為相近的，是「花朵」，同樣也是有著愛美的含意，不過這個「美」，不在自身，在於生活，通常比較多女生傾向在簽名之後加上花的圖案。這類女生，對細節有所要求，追求有品質的生活，而藝術對她們而言很重要。

藝人王敏奕的簽名，無論圖案與字型上，也具「心心」的形態，以這樣方式簽名的人，展現出美學與文化藝術的天賦。

不過比較多人用的，多屬笑臉圖案。這類朋友比較樂天，善於在嚴肅的工作中增添一點趣味，不喜歡枯燥乏味的生活，活得開心是他們的人生格言。

此外，有些人會在簽名上加上「星星」。星星來自天空的

遠處，是需要抬頭才能看見的，所以暗示著帶有抱負的意思，這個抱負住在遠方不知明的地方，既要勇氣也要耐力才能達成，因為黑暗中，有無盡的「未知」，可以是正面的，也可以是負面的。不過，這類的朋友在追求目標的過程中不能過於沉悶正規，要展現色彩，才能發揮創意。

II.
簽名上的附加線條

與「星星」的演繹較為相似的，是額外加上的一條下間線
（Underline），注意它只能在整個名字下方，不能在別的
位置。

簽名上有這條線，顯示了簽名者對責任的重視，對於已定
下的計劃與理想，他們會努力地實行，同時他們會關注他
人，希望自己付出的努力能得到各方認同，亦希望得到工
作夥伴的支持。我曾經看過一份研究報告，指出在很多業
績不錯的企業中，其 CEO 在公司年報上的簽名，便有這
一條下間線。

在商業世界裡，我見過不少公司的總裁及高級管理人員，
喜歡在簽名下加上一條橫線，一般來說，這意味著有輔助
力、支持的意思。除此以外，我想讓你回想一下，那些年
讀書的青蔥日子，不少學生喜歡在內容重點下加一條間
線，好讓溫習時，能夠更快捷地看到重點。這個想法放在
簽名上，其實有近似的意義：第一，他的名字是重點，那

是有身份的表現，也暗示著因為這個身份願意用名字作擔保，是責任感的反映；第二，懂得運用這條「線」的人，很快便能看到重點所在，既有眼光，也有組織能力。這樣的簽名方式，是值得參考的。

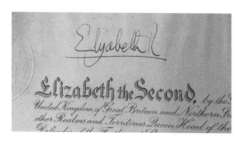

英女王伊利沙伯二世的簽名（圖片來源：Wikimedia Commons, https://commons.wikimedia.org/wiki/File:Signature_of_queen_Elizabeth_II_in_Adligat.jpg）

德國藝術家約瑟夫博伊斯的簽名（圖片來源：Wikimedia Commons,https://commons.wikimedia.org/wiki/File:Joseph_beuys_signature.jpg）

此外，有些只將這條間線劃在姓氏上，那就表示了工作的原動力是來自家庭，家的溫暖、家庭成員的支援，推動自己不怕辛苦往前行。至於間線在名字上，那就是要告訴你，他們的推動力，是來自自我探索。

除了橫直線以外，也有向上的斜線，而斜線簽在名字下是積極的表現。要特別留意的是，線條是要筆直向上，如果往下斜就表示簽名者的態度消極，外人看來，他們是一個長期「放負」的人。那麼彎曲的線條又如何呢？像是一代武打巨星李小龍與歌手李健達的簽名，在原筆劃延伸至向上彎曲的線條，就代表執筆者希望生活有點幽默感，同時也將對藝術美的追求活於生命中。

李小龍的簽名（圖片來源：Wikimedia Commons, https://commons.wikimedia.org/wiki/File:Signature_of_Bruce_Lee.png）

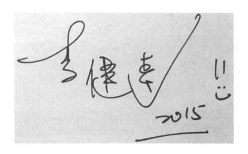

李健達的簽名（圖片來源：Wikimedia Commons, https://commons.wikimedia.org/wiki/File:Douglas_Li_Kin_Tat%27s_autograph.jpg）

另外還有一個普遍的裝飾筆劃：在完成簽名後，有些人會隨手簽上一點。這一點通常來得很自然，要簽名者忍手收起最後「一點」絕非易事，可見它有重要的意義。其實，這一點就如一個句號，代表了執筆者想親自把事情劃上完美的句號，才能叫做圓滿。他們重視自己，而且對自己有要求，對於有份參與的事情通常頗有意見。

除此以外，有些人喜歡在附加線的中央加上垂直的兩點，著名的例子就是我早前曾談及過的、第一位在《美國獨立宣言》上署名的人：約翰漢考克先生（John Hancock）。這是典型商家的簽名，因為加了兩點的附加線，表示了簽名人對金錢及物質的重視。

約翰漢考克的簽名（圖片來源：Wikimedia Commons, https://commons.
wikimedia.org/wiki/File:JohnHancockSignature.jpg）

在附加線中央加上垂直的兩點的簽名例子

簽名上，額外加上的線條又豈止直線那樣簡單？有些人喜
歡在簽名下外加 2 條直線（見右頁），想想看：這個雙線
有似曾相識的感覺嗎？回想在學的日子，大家在完成數學
堂的算式後，總會在答案值下加上雙橫線，代表完成。換
言之，擁有雙橫線的數字就是答案。將之用於簽名上，就
等同宣示：我的名字，就是最終的答案。這暗示了自己才

是最終的話事人，也有「吾日三省吾身」的意味，是常反省與衡量自己的反映。另一方面，它顯示出執筆者對外處事謹慎，亦有可能認為「我」才是最重要的，渴望被他人注視。

在簽名下加雙線，有「我的名字，就是最終的答案」之意。

關於兩條外加線條，除了呈平行線狀，也有其他的表達方式，如「向左走也向右走」的交疊方式。若兩條都是橫斜線、形狀如交叉模樣，那麼這個簽名方式絕不可取！交叉有否定的意思，要否定自己的名字，如同否定自己，這個想法很負面。因此，將交叉用於簽名上，一方面反映出執筆者很需要被重視，另一方面也潛藏對自己的憤怒與不

安。矛盾糾結很多時候會讓自己駐足不前，或者在為人處事上容易產生過度反應，表面好勝，但內心卻沒有如想像般的強大。如你身邊有用類似簽名的朋友，不妨提醒他們對自己好一點，趁新一年來臨，好好為自己改變一下。

剛才說到的是兩條直斜線交疊的狀態，也有一種是一條斜線與一條曲線互相交疊的模樣，就如下圖。

一條斜線與一條曲線互相交疊的簽名

間線是希望被注意，反映出簽名者注重自己的言行舉止，希望能有效地以說話影響他人。只是，簽名中的線條結構始終有交叉的情況，在簽名者的心裡，明白自己有溝通或表達上的障礙，又或是信心上略有不足，不過他還是會努力嘗試。

此外，有看過像下圖，如聖誕絲帶般連綿不斷、左右左右地連線的裝飾圖案嗎？有這樣線條的簽名，原來也反映出簽名者的內心想法。這類型的人，打從心底裡就認為：我有一個容易令人著迷的外表，天生就是型男美女，所以特別重視自己的儀容，也重視自己的說話談吐，與人交往就是要有禮。各位讀者，你有看過類似的簽名方式嗎？

如絲帶般連綿不斷、左右左右地連線的簽名

簽名只得數個字，看似簡單的線條，其實有著無限的變化，藏著不同的暗示。也因為多簽多寫，從書寫治療的角度上看，簽名對我們有重要的影響。

政治家西蒙玻利瓦爾的簽名（圖片來源：Wikimedia Commons, https://commons.wikimedia.org/wiki/File:Sim%C3%B3n_Bol%C3%ADvar_Signature.svg）

III.
簽名的大小

除了裝飾物，簽名的大小我們也一目了然。首要注意的是：簽名的空間有多少？很多時候，簽名位置不合理地狹小，執筆者把名字簽大了，越過了簽名的間線，也是可以理解的。所以大與小的差別，最好建立在合理的簽名空間上，留意執筆者簽名後所剩下的空間有多少，才能作出分析。假設空間足夠，而簽名時完全不留下空間，甚至超越間線的人，大多是頗有自信的，也較為自戀，當然，這個結論建基於執筆者平時的字跡與簽名大小相若，亦就是說，他們裡裡外外的性格行為，是真實而一致的。

簽名比平常所寫的字大又如何？讓我說句公道話，雖然分析起來並不是「表裡如一」，但這個情況是相當普遍的。這類人外表看來自信滿滿，能給初相識的人一個正面的形象，但不會讓你知道他們內在真實的自己是如何的，稍稍擁有個人的秘密既合情合理，也是執筆者保護自己的心理策略。

至於細小的簽名，情況就剛好相反。簽名小的人一般比較內斂，為人謙遜，少說話，自信心不足。在社交上，他們對別人欠缺一定的信任度，因此並不善於交際。不過若平常所寫的字比簽名大的話，就要多加留意了，他們對自己頗有自信與自尊感高，為人處事上有一定的想法，只是在人多的場合中，他們會盡量收斂，也少作聲，選擇將意見放在心裡。該說的不說，慢慢地堆積在一起，結果會是怎樣？那就不用多說了！

從書寫治療的角度看，通過改善寫字的筆劃，達到身心平衡與和諧是一個重要的課題，而過於細小的簽名顯然有更大的調整空間。多留意一下自己的簽名吧！

IV.
簽名的基線

我在《你有多久沒寫字？原來筆跡能反映你的個性》一書內，曾談及簽名有「四不」，分別是不可塗花自己的名字、不可有交叉塗掉自己的名字、不可用圈包圍整個簽名、不能向下傾斜地簽，這一切顯示了心底負面的思想與低落的自尊感。請記著，簽名代表個人形象，難道你走到人前，只是希望得到負面的回應？

或許，你自己或你身邊並沒有「四不」朋友，但我相信你更有興趣知道的，是如何解讀或拆解一個簽名。雖然這是一件複雜的事情，但「譜」還是有的，既然簽名向下傾斜代表思想負面，相反，整個簽名向上傾斜則顯示了簽名者的樂觀與積極，他們的想法是以「將來」為著眼點，所以是有志向、有活力的表現。

將名字簽得平平正正的，尤其在那些無間線、無規範的空間而又簽得筆直端正的人，所謂字如其人，他們對自己有一定的要求，為人穩重，做人處事較有條理，清楚知道自

己的需要，盡量保持身心平衡，情商較高。試想想，在沒有間線的空間，也能簽出如直線般的橫向簽名，便可想像出在簽名者腦子裡的「那條線」是如何的強大，對他們而言有堅定的「規範」！

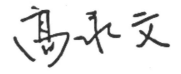

平正的簽名（圖片來源：Wikimedia Commons,
https://commons.wikimedia.org/wiki/File:Ko_Wing_Man%27s_signature.png）

七上八落的簽名又如何？試想想：一個人的名字有多長？寫中文名字的只有簡單的 3 至 4 個字，簽英文名字的也甚少有太多字母，拼在一起，橫向的長度不會太長，有些朋友只簽姓氏，有些只簽下名字，又再短一些。能在短短數個字內，拼合成上上落落的效果，似乎並不容易。簽名原是給人家看到自己的形象，又上又落的基線，投射出簽名者的情緒起伏不定，時而興奮莫名，時而心往下沉、如死灰的樣子，對外人來說，這個形象確是難以捉摸。所謂捨難取易，如身邊有這樣的人，還是遠離他／她一點，輕輕鬆鬆地過才是最自在的。

七上八落的簽名（圖片來源：Wikimedia Commons,
https://commons.wikimedia.org/wiki/File:Lady_Gaga_signature.svg）

V.
簽名的清晰度

著名文學家郭沫若認為，一般人並不需要將字寫成書法家那樣，只要寫得端正易讀就可以。至於那些所謂「草草了事、粗枝大葉、獨行專斷」的字，是「容易誤事」的，試想想：隨意讓思路在筆尖上遊走，字寫得如何並不重要，只是想讓自己更有想像空間或特意令筆觸線條在看到與看不到之間，硬要別人「猜字」，疑點利益自然歸於書寫人，還要看他那口甜舌滑的嘴是如何作無限的演繹！

字要寫得端正清楚，但對於簽名，不少人認為應簽得複雜模糊的，越讓人看不清越好，因為人家看不到你如何簽，又怎麼冒簽呢？這個想法，看似合理，但我想澄清一下：那個「人家」，不只是潛在的冒簽者，應該包括「除自己以外」的人，那麼自然也包括協助你證明簽名者身份的專業人員。既是如此，如果亂簽一通，驗證工作便會倍加困難。另一方面，手部肌肉是有彈性的，要每次都 100% 落筆在同一位置上，非常困難，所以冒簽也並非想像中那麼容易。

其實，簽名越簽得清楚，越難被冒簽。無論是筆跡心理分析或筆跡鑑定，字形只是其中一個考慮因素，其他如線條、墨水流向形式、空間使用等等，涉及考慮的因素甚多。正因如此，寫得清清楚楚的字，又或是簽得清楚的簽名，才能給予我們更多資料作為分析數據，判斷簽名者到底是否本人。

我特別強調「清楚易讀」對一個簽名的重要性，所謂「清楚易讀」，是指所簽的字，能讓你看清又認到簽名人的名字，這表示簽名人的率直與坦誠，也表示了他們待人處事的誠懇與責任心，下圖就是很好的例子。

張崇德、張崇基和
劉美娟的簽名

倪匡的簽名

有時候，有些朋友將姓氏簽得清楚，而名字傾向潦草多一點，關鍵是這個「草」有多「草」，稍為能看到是何字的，不算「草」，而潦草又看不清楚的部分代表對隱私的需求，所以若名字看不清，就是希望個人的一切想法及隱私不受干擾，讓他們可以隨心而行。姓氏看不清的，就請勿打擾簽名人的家庭事，就算他們願意告訴你，豎起你的耳朵便可，因為通常是他們希望你安靜地聆聽，但並不代表你可以發問，更不能隨便說出去。

VI.
中文簽名

除了被冒簽的問題外，我想讀者比較關心的，應該是如何簽名才是最好的，因為那是涉及個人形象的問題。簽中文名字的朋友可選擇豎簽法，即由上至下而簽，這是比較傳統的寫法，一般符合傳統觀念較重的人，亦受制於可簽名的空間位置。不過在西方文化影響下，書寫的模式多傾向由左至右的橫向簽名方式，無論你選擇以哪個方式去簽，簽出來的名字，最好能給人一個「平穩」的感覺。這個「平穩」指的是所簽的名及姓，字體大小相若，字與字之間與距離也相近，看起來就是平衡穩定。這正顯示出簽名人思路清晰、具組織能力、行為一致，也給人可靠的感覺。

若嫌寫法平穩乏味，在我認識的朋友當中，也有不少人將名字反簽。反簽有不同形式，可以是完全反轉，即是說，簽出來的模樣就如簽完後反轉紙張所看見的模樣；也有些是 90 度橫向再反轉，總之種種形式都有。那麼究竟反簽反映了什麼性格特質？一般來說，愛反簽的人，會從多角度思考問題，偶然走進死胡同，也能彈性地處理問題，他

們也很有創意，對與空間相關的藝術觸覺敏銳。你有想過或見過像下圖那樣的簽名嗎？

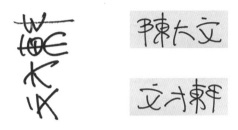

具創意的簽名豈止於此，我曾見過有些人將姓與名融合在一起，看起來像一個字，但實情是姓與名皆在其中。當中不少人以姓氏為主，尤其是那些有左右偏旁的字，如楊、林、郭、梅等等，然後將左面偏旁寫得較大，右邊偏旁則寫得較短，在一高一低的情況下，短的右偏旁下面，會將名字垂直加進，全名最終為豎式寫法，寫得較大的姓氏環抱著名字，比例上姓氏始終是大一點。用這個寫法的人，家庭觀念十分重，非常保護家人，未婚的話，會渴望成家立室，除了重視家庭以外，他們對藝術文化有一點執著，因為他們有著頗高的審美眼光，對自己的要求甚高。各位讀者，有想到類似的中文簽名嗎？香港殿堂級歌手梅艷芳小姐的簽名，就是典型的例子。

VII.
簽名的斜度

我在前面的章節解釋過，寫英文字的斜度是以量角器來量度，從右至左計算，即向右靠的角度是少於 90 度，而向左靠的則是大於 90 度，正中的當然在 90 度。因應英文字的結構比較簡單，向左或是向右的角度變化可以很大，所以簽名用英文來簽的話，斜度就較易看到。簽名傾向右斜的人，表達出外向積極的形象，一般來說，越是向右傾斜，就越是熱情，甚至讓人感到很大的壓迫感。相反，簽名傾向左斜的人，有著獨行俠的態度，獨留家中也可自得其樂，廣交朋友不是他們所擅長的。我們筆跡分析專家最怕遇上的，就是那些在短短數個字母內已經是向左擺又向右擺的簽名，這樣簽名的人，表達出個人利益於他們而言才是最重要的，態度行為一時一樣，讓人無所適從。

那麼簽名的斜度在中文字上又如何？中文字的結構是方方正正的模樣，要一個方方正正的字向左或是向右傾斜，還是可行的，只是角度上，不能做到英文字那樣非常明顯的效果。不過，由於一般的簽名是經過精心安排，斜度便會

較為清楚，而解釋說法也與英文字的相同，若果所簽的中文名字是一筆一劃都清清楚楚的話，要知道斜度，就是要觀察較長的垂直筆劃，例如「木」字就比較容易看見，同時也要留意簽名上的每一個字，斜度是否統一，往同一方向傾斜，如果是左右搖擺的，便要多加注意了。

香港電影導演陳木勝簽名（圖片來源：Wikimedia Commons, https://commons.wikimedia.org/wiki/File:%E9%99%B3%E6%9C%A8%E5%8B%9D%E7%B0%BD%E5%90%8D_The_signature_of_Benny_Chan.jpg）

VIII.
簽名的形態

每個人的簽名，都有其個人喜好的外表形態，還原至基本步，外表形態也不外乎是圖案而已，我在《原來筆跡藏著心底話！21堂成長必修的筆跡課》曾談到圓形、方形和三角形等圖案的意思，要瞭解一個簽名，要用「找不同遊戲」的方式，找出要分析的簽名屬於哪一款圖案。典型的例子是前美國總統特朗普的簽名，他的簽名參差不齊、又尖又硬、呈三角狀，簽名是這類形態的人，愛表現出自己甚有主見且積極向上的形象，不過就討厭被批評，常本著不服輸的生活態度，處理各項人與事，非要取勝不可，也要讓你知道他是有本事的。至於呈圓形狀的簽名，例子是英國威爾斯王妃戴安娜的簽名，圓形形態的簽名顯示出簽名人比較隨和、溫柔且懂得體貼他人，也善於處理人際關係。至於呈方形形狀的簽名，一般來說，這類人做事嚴謹，要謹守法度，講求實際，不崇尚虛文，也能捱苦，較近似方形簽名的例子是著名作家金庸的簽名。

前美國總統特朗普的簽名（圖片來源：Wikimedia Commons, https://commons.wikimedia.org/wiki/File:Donald_J._Trump_signature.svg）

英國威爾斯王妃戴安娜的簽名（圖片來源：Wikimedia Commons, https://commons.wikimedia.org/wiki/File:Lady_Diana_signature-vect.svg）

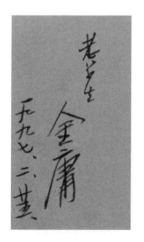

作家金庸的簽名（圖片來源：Wikimedia Commons, https://commons.wikimedia.org/wiki/File:The-Book-and-the-Sword_at_SCU_History_Room_20131014.jpg）

簽名與字跡
的暗示

之前我談過，簽名顯示出簽名者心中的自我理想形象，也能反映部分性格特質。不過在筆跡分析界中，專家對簽名這個話題有不同的意見。有些專家認為，一般人寫得最多的就是自己的簽名，由於經常練習，從最初小心翼翼地執筆，到後來不假思索地簽下名字，這些熟練又無意的書寫動作已成為一種習慣，進入了我們的腦袋內，成為潛意識的一部分。數天前，學生說他的簽名是中學時期參照其父親的簽名設計而成，沿用至今，變化不多。這個數十年的簽名習慣，大概已根深蒂固地存於他腦內的大數據庫中，不斷運行著。這個狀態，就是專家們所說的，簽名在反映著執筆者的性格與自我價值。

當然名與姓加起來的字數並不多，要確實地反映出一個人的所有性格特質，還是有難度。所以很多時候，我們還是要與平時所寫的字做對比，第一個要考慮的因素，是內文

與簽名的大小比例。一般而言，較多人傾向將簽名簽得比平時所寫的字大，那是自信心的表現，在某程度上，也暗示著在陌生的環境中會裝作有自信，那是自我保護的一種方式。相對地，將簽名簽得比平時所寫的字細小的人，通常不善於與人打交道，也不善於表達自己，表面謙虛，但其實有著自己的想法卻言不由衷。所以我的建議是：寫大一點也無妨。

除了字體的大小，我們也可以留意一下簽名的展現方式。我較常談及、也較易辨認的一款，是簽名上的圖畫或圖案。它們並不是額外加在簽名上的，而是簽名者把自己的姓名簽成如圖畫或圖案般，例如梁朝偉的簽名，就是以這個方式展現。他的簽名內有大量的圈狀線條，藏有如星星模樣的圖案，下筆時也甚注重頂部的線條，這展示出簽名者甚具藝術創意思維。圈有多大，創作力就有多高，他有理想，對藝術之美甚有要求，喜好分明。

另一種較多人選取的簽名展示方式，是前面的字比較大，隨後的字，以簡化了的筆劃方式表達，通常寫得比前面的字少，情況就如漸細的效果（見右頁圖）。這種簽名有保護、維護的含意，也有領導的風範。既然是領導，也就暗

示了該人有計劃能力，能看到大方向、大趨勢，只是一切多隨著自己的思路而行。

漸細的簽名，越往後越是簡筆。

美國總統喬拜登的簽名，也呈漸細的狀態。（圖片來源：Wikimedia Commons, https://commons.wikimedia.org/wiki/File:Joe_Biden_signature.svg）

為什麼要認真簽名？

簽名的重要性，在於這是我們以筆劃線條展示個人形象的方式，無論你認識對方與否，外出消費簽下大名，就永久地留下你給陌生人的第一印象。消費簽名是其一，在勞動市場上，不少應徵者與潛在僱主見面時，也需要填寫應徵或入職表格，在紙上簽個名字。有想人力資源部的員工會如何看待你的簽名嗎？日常生活中，我聽得最多的是「我的字不美」，不少人盡量避免執筆寫字，可是簽名卻偏偏避無可避，所以我們必須要認真考慮，該如何展示你的名字！

在市場上，有專門替客人設計簽名的行業，但是與其假手於人，由一個對你並不認識的人替自己設計簽名，倒不如親手去做，因為只有你才是最懂自己的人。此外，設計師代你設計的簽名，你真的能簽出那個模樣嗎？我相信初期你可以慢慢模仿，可是日子久了，原來設計的模樣會在你筆下逐漸走失。我曾見過有些人會慢慢回到原點，然後驚

訝地發現，新舊簽名竟有不少相似之處，因為你始終是你自己，並沒有太大改變。

入職、請假、報銷費用，甚至升職加薪都要簽名，簽名雖然是一件很個人的事情，但在職場上也有一些規範。問問自己，你是如何簽署公司的內部文件？其實不少朋友對於文件是「越簽越簡單」，甚至一個圈或一條線便算，比起新入職那時下筆的認真，似乎人變得越來越老練，也習慣了辦公室的生存之道：少說話多做事，越簡單越好。當然「下有對策，上有政策」，有不少公司對員工簽名進行了規定，就是懶理你怎樣簽，基本原則是「名」與「姓」必須要讓人看得清楚，看不清楚名字的任何申請，都不獲受理。作為員工，或許會質疑怎麼連簽名也沒有自由？不過我反而覺得，這是一件好事。此話何解？

一個好的簽名，基本條件是清楚易讀，堂堂正正地展示自己的名字，這是有承擔的表現。從簽名人的角度出發，簽名正展示出坦誠、願意溝通與自信滿滿的自我形象。著名文學家郭沫若先生曾在《人民教育》雜誌中談到自己對字體寫得端正易認的要求，因為這個習慣「能夠使人細心，容易集中意志，善於體貼人」。

從書寫治療的角度看，重複練習寫字，能同步影響我們腦部的大數據庫。正面的書寫筆法甚為重要，簽名作為我們生活的一部分，除了是一種形象，最重大的效益是同步確立自己的價值與觀念，所以必須簽得好、簽得清楚端正，因為這正是你自尊的流露。

我明白到一直以來，不少人本著「字寫得不好」、「字寫得很醜」等想法，為執筆找到逃避的藉口，盡量「真人不露字」。在惡性循環下，寫得越少，功力日減，久而久之腦筋不靈光。直到有日執筆忘字，便認為是年齡漸長，壓力倍增，因而對寫字的感覺日益淡忘，最終決定用電腦鍵盤，甚至錄音作罷！我就當這樣的藉口能說得過去，但是在各個場合中，簽自己的大名是無法避免的，既是如此，就不能馬馬虎虎了。

所以，無論你是否隨意簽下名字，它還是展示著你個人的形象，可以是溫文爾雅、浪漫才情、靈巧活潑、霸氣豪邁，甚至不修邊幅。不過，請記著，簽名是不宜給人負面的感覺，因為那是你的名字，是專屬於你的對外形象，蘇軾在《書唐氏六家書後》曾言：「世之小人，書字雖工，而其神情終有睢盱側媚之態，不知人情隨想而見，如韓子

所謂竊斧者乎，抑真爾也？然至使人見其書而猶憎之，則其人可知矣。」蘇東坡認為，寫字能反映一個人的個性，尤其是那些讓你看得令人厭惡的字，他們的性情也大概讓你感到討厭。簽名是在你的手寫字當中，最先接觸陌生人的字，所以你的簽名，在陌生人的心目中，是有一定程度的印象，為自己花一點時間，想想該如何去簽，是值得投資的事情。

從筆跡鑑定的角度，簽名該如何防偽？

筆跡鑑定這 4 個字，很容易讓大家聯想到遺囑上真假簽名的爭議，尤其是一些明星、名人的花邊新聞，成了不少朋友茶餘飯後的話題，「筆跡鑑定」從此深入人心。不過，遺囑簽名的爭議只是其中的一部分，在商業世界裡，有大量需要簽署的文書，包括但不限於合同、契約、支票、借款提存、費用報銷、假期申請等等，當中有內部文件，也有對外公文，於企業管理上，內部監控是企業管治的重要一環，各項文書審批，均涉及簽名，簽批人與申請人員，是否在其位簽其名，簽名者是否真有其人或是由他人所代簽，甚至乎對簽名字跡的作者身份存疑，都要考慮，對於可疑的簽名，或有鑑定的需要。

簽名大概是一個人寫得最多的字跡，正因如此，在所有的

筆跡中，簽名就成了一個非常習慣性的行為，只要你提起筆桿，揮筆而下，筆尖上的墨水徐徐而下，沾在紙上，運筆的途中，除了知道那是自己的名字外，我們不曾考慮過如何一筆一劃去寫，不消數秒，簽名就出現在簽名欄內。這個在習慣引導下的肌肉運用動作，演繹出個人獨特的筆跡形態，再加上不同的精神狀態與健康狀況都會影響簽名的質量，這個一籃子的組合，形成筆跡鑑定的基本要素。

對於這個基本要素，大部分人只會關注到寫字的形態，於是想盡辦法為自己設計一個複雜又讓人看不清的簽名式樣，這樣就不容易被冒簽了，既然打算冒簽的人看不清楚你的簽名，同一簽名落在筆跡鑑定的程序上，自然也不容易找出你的簽名特徵與習慣。不過我想說的是，簽名的形態只是筆跡鑑定的其中一部分，其他如筆劃上墨水呈現的狀態、簽名的速度與節奏等等，都是該考慮的。讓我舉個簡單易明的例子，簽名的形態就如一個人的外表，走在街上，偶爾我們也會看到一個好像認識的人，正想走上前打個招呼，卻發現錯認，其實一個人除了外表，還有每個人不同的習性，從這些習性，我們能夠分辨出這個是你獨有的身份，就正如外表相像的雙胞胎，他們的家人，也能從他們的性格特質分辨出二人，所以簽名的形態，只是筆跡

鑑定的其中一個項目，更多的工作，是要找出具個人習慣的簽名模式。

過往，我曾處理過不少關於「冒簽」的個案，在那些個案中，我要從已知的簽名中，找出簽名人的簽名習慣，然後與被懷疑的簽名作對比，再總結出有問題的簽名否屬同一人所簽。一個寫得清晰的簽名，一筆一劃讓筆跡鑑定專家看得清楚，在衡量及計算簽名者的寫字習慣時較為容易，在對比過被懷疑的簽名後亦容易得出較為肯定的結論。換轉是一個簡單又看不清的簽名，筆劃已經不多，要以此來找出一個人的簽名習慣，一來較為困難，二來資料並不充分，為筆跡鑑定增添一定的難度與疑點，所以為自己著想，一個簽得清楚的簽名，才具保護的作用。一個將筆跡寫得清楚的簽名，給筆跡專家上佳的基礎，去發掘簽名者的簽名習慣，所以簽名要防偽，最基本就是要將自己的簽名，簽得清楚易讀！所謂還原基本步，凡事清楚免爭執，簽名亦如是。

練習

第五章

筆跡分析技巧，
你學懂了嗎？

CHAPTER 5

在人生的道路上，無論每一段都有
機會的碰礙。但假如能以冷靜，
教養的態度來面對，在成長的過程

這一組中文字的斜度分類為何？

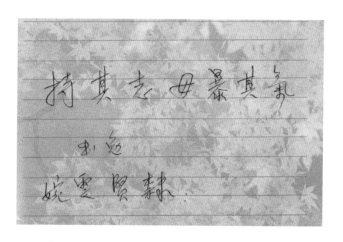

持其志 毋暴其氣

勿忘

婉雯賢隸．

這一組中文字的大小分別為何？

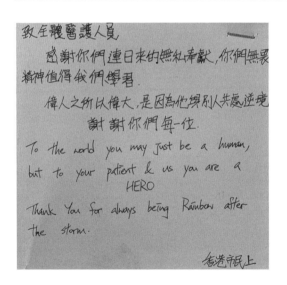

are critical to the long-term success of our business and society as a whole. We are committed to developing our employees and supporting local communities by creating stronger connectors,

這一組英文字的大小為何？英文字母總共有多少個區域呢？

致全體醫護人員

　感謝你們連日來的無私奉獻,你們無畏精神值得我們學習.

　偉人之所以偉大,是因為他與別人共處逆境謝謝你們每一位.

To the world you may just be a human, but to your patient & us you are a HERO
Thank You for always being Rainbow after the storm.

香港市民上

寫這篇文字的朋友，屬人事型、資訊型還是實務型呢？

past 2 weeks! All of you were so kind and I am really grateful to have the opportunity to learn from every one of you! I enjoyed my attachment here so much that I am definitely

作為上司的你，看到這個員工的字跡，年終績效評估的時候，應該向公司作出哪些建議，才能推動員工努力工作？

To make a phone call:

1. Press "l" + local 8 digital numbers.

2. Press the GREEN phone icon

To end a phone call:

1. Press the red phone icon

寫字的人，是善於團隊工作還是個人工作呢？

這個簽名，上區域、中區域與下區域，哪一個區域較大？

（圖片來源：Wikimedia Commons, https://commons.wikimedia.org/wiki/Fil e:%E5%BC%B5%E5%AF%B6%E5%85%92%E7%B0%BD%E5%90%8D. svg?uselang=zh-tw）

簽名之上，加有一線，是好？是壞？

（圖片來源：https://commons.wikimedia.org/wiki/File:Tito_signature. svg?uselang=zh-tw）

這個簽名的設計，出現了什麼問題？

（圖片來源：Wikimedia Commons, https://commons.wikimedia.org/wiki/
File:Trichet_signature.svg?uselang=zh-tw）

這個簽名的形態是什麼？簽名人的心態是如何？

（圖片來源：Wikimedia Commons, https://commons.wikimedia.org/wiki/Fil
e:%E5%BC%B5%E5%AF%B6%E5%85%92%E7%B0%BD%E5%90%8D.
svg?uselang=zh-tw）

責任編輯

羅文懿

書籍設計

姚國豪

書名

職場筆跡知你我：不可不知的筆跡分析技巧

作者

林婉雯

出版

P. PLUS LIMITED

香港北角英皇道499號北角工業大廈20樓

20/F., North Point Industrial Building,

499 King's Road, North Point, Hong Kong

香港發行

香港聯合書刊物流有限公司

香港新界荃灣德士古道220-248號16樓

印刷

美雅印刷製本有限公司

香港九龍觀塘榮業街6號4樓A室

版次

2022年7月香港第一版第一次印刷

規格

32開（115mm x 188 mm）200面

國際書號

ISBN 978-962-04-4998-7